肖复兴读写系列

肖复兴／著

我的读写例话

WO DE DUXIE LIHUA

SPM 南方出版传媒

全国优秀出版社　全国百佳图书出版单位　广东教育出版社

·广州·

图书在版编目（CIP）数据

我的读写例话／肖复兴著. —广州：广东教育出版社，2014.9（2020.11重印）

（肖复兴读写系列）

ISBN 978-7-5548-0185-7

Ⅰ.①我… Ⅱ.①肖… Ⅲ.①阅读课—中小学—教学参考资料②作文课—中小学—教学参考资料 Ⅳ.①G634.303

中国版本图书馆CIP数据核字（2014）第168797号

责任编辑：唐娓娓　邱　方
责任技编：杨启承
装帧设计：陈宇丹
版式插图：BoBo

广东教育出版社出版发行
（广州市环市东路472号12—15楼）
邮政编码：510075
网址：http://www.gjs.cn
广东新华发行集团股份有限公司经销
北京一鑫印务有限责任公司印刷
（北京市顺义区北务镇政府西200米）
787毫米×1092毫米　16开本　15.75印张　315 000字
2014年9月第1版　2020年11月第7次印刷
ISBN 978-7-5548-0185-7
定价：35.00元

质量监督电话：020-87613102　邮箱：gjs-quality@nfcb.com.cn
购书咨询电话：020-87615809

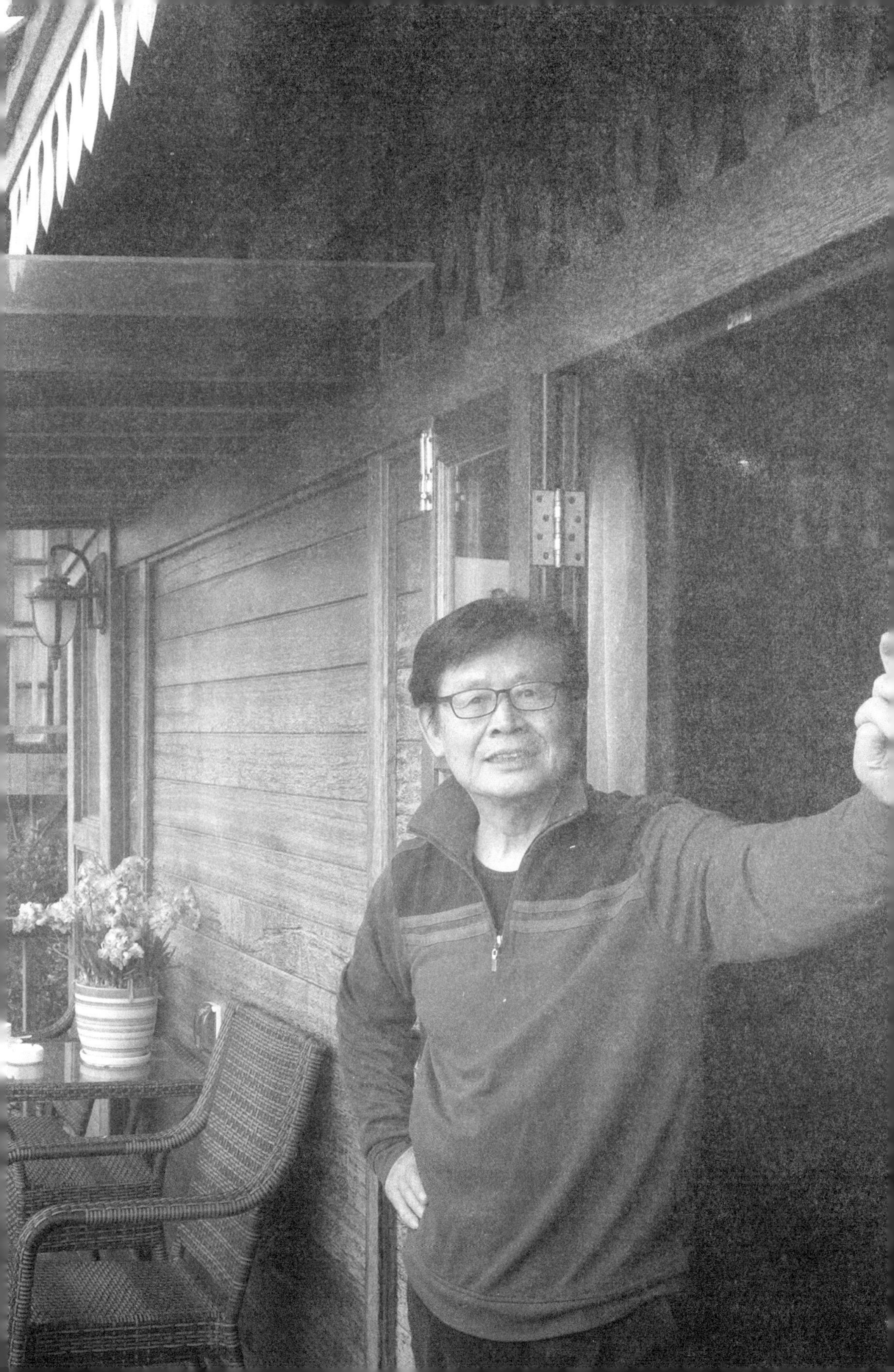

肖复兴

1982年毕业于中央戏剧学院。曾到北大荒插队6年，当过大中小学的教师10年。曾任《小说选刊》副总编、《人民文学》杂志社副主编。已出版长篇小说、中短篇小说集、报告文学集、散文随笔集和理论集百余部。《那片绿绿的爬山虎》等作品被选入大陆和香港地区的大、中、小学语文课本以及新加坡等国的汉语教材。近著有《肖复兴散文100篇》、《肖复兴新散文画作》两卷、《肖复兴音乐文集》三卷等。曾经获得过全国以及北京、上海优秀文学奖、冰心散文奖、老舍散文奖多种。并获得首届"全国中小学生最喜爱的作家"称号。

总　序

十余年来，我陆续给广东教育出版社写了几本书，其中包括《我教儿子学作文》《我的父亲手记》《我的读书笔记》《我的音乐札记》《我的读写例话》。现在，出版社把这五本书整合在一起，冠名为"肖复兴读写系列"，整体推出，旨在给读者一个完整的印象和方便的选择。因为这五本书是陆续出版的，有的书已经不那么好找。

当然，这样整体的推出，不仅便于读者的阅读，更便于读者的批评。因为让它们集合在一起，在比较中容易看出长短与胖瘦。

在这里，应该感谢对这套书钟爱有加的广东教育出版社和丛书的责任编辑邱方。邱方是我多年的老朋友，在这几本书陆陆续续出版的过程中，她的孩子和我的孩子，都已经长大成人，时间过得真是飞快。好像孩子是在我的这几本书的书页翻飞中变大，而我们则无可奈何地变老。

这几本书，主题都是关于孩子的成长，是写给孩子、老师和家长们的。在孩子的成长过程中，老师尤其是家长，是最为操心和关心的，因为他们和我一样，面对的都是我国历史上绝无仅有的独生子女时代，面对孩子成长的新课题所造成的困惑和疑虑以及迷惘和不知所从。而且，这个独生子女时代，又恰好赶上了国家从政治时代向经济时代的转型，商业大潮和色彩激荡的炫目冲击，让价格升堂入室，而让价值尘埋网封，更使得孩子和师长们迷茫，一时难以寻找到引导孩子们学习成长更好更有益的路径。

很多读者从以前出版的《我教儿子学作文》书中的作者简介看到孩子的成长经历，觉得一路顺风顺水，很是羡慕。其实，我和上述的这些家长老师们一样，也是在同样的时代迷茫的寻找中，和孩子一起从小学到中学到大学，一路磕磕绊绊地走来。孩子哪有一盏是省油的灯？其中酸甜苦辣种种滋味，作为家长，大同小异。只是，作为家长，要做的不是无可奈何和怨天尤人的抱怨，而是耐下心来，沉下心来，在一次次恨不得扇自己嘴巴子的碰撞过程中，寻找到适合自己与孩子一起成长的方法和道路。

这五本书，就是在这样磕磕绊绊的寻找路上陆续写下来的心得体会。起初，并没有有意识以后要形成这样一个系列，只是在孩子还读小学的时候，随手记下来的点点滴滴，这便是最早形成的《我教儿子学作文》和《父亲手记》两本书。以后，不断地补充，逐渐形成了如今较为丰富丰满一些的面目。这两本书，前一本是具体教孩子学习写作，从小学到中学，涉及作文写作遇到的方方面面；后一本是具体写和孩子的交往，从孩子出生到大学乃至出国留学的成长过程中，父子两代的矛盾纠葛和彼此的教学相长。

也就是说，一本是谈教学，一本是谈教育。有意思的是，这两本书前后出版多次，更多的读者喜欢前一本，读得也认真，而且觉得收效也不错（居然还有读者将其带到国外，作为教育那里的孩子的教材）。其实，对于我而言，后一本更重要一些。因为孩子的成长过程是极其复杂的，是一个全面而系统的工程，作文的学习与训练，只是其中相对简单的一个环节而已。忽略了前者，等于丢掉西瓜捡芝麻。没有一个孩子可以抛开整体的教育环境与成长元素，而能够单纯地将作文写好的。因此，在这套系列丛书出版之际，我希望家长们更能够明白这一点，实用主义的教育方法，可以暂时奏效，但应该更为重视教育的方法，重视和孩子的思想碰撞与交流，这样，才能够更为容易让孩子成长过程中的方方面面如水贯穿相通，而不至于在某一方面堵塞。

《我的读书笔记》和《我的音乐札记》，是孩子读大学之后我写成的。这两本书，一本是谈读书，一本是谈音乐，是希望孩子在自身成长的过程中，除了课堂的知识学习之外，加强其他修养的补充，也就是我们常说的素质的修炼。读一些文学方面的书，并不只是为了作文考试。懂一点音乐的知识，并不只是为了钢琴、小提琴的考级。素养的培养，如小树长大逐渐渗透在枝叶里，并在不知不觉的潜移默化中形成树木的年轮。希望自己的孩子能够在成长的路上走得远一些，便不应该满足于课堂的书本知识，不满足于考试乃至考大学的一点成绩。考试的成绩，是脸上的美人痣；而修养是脚下的泡，不会那么让人一眼看穿，却是长时间的磨炼结果，是帮助你走长路必须的修为。

《我的读写例话》是新近完成的，也是这一系列最后写成的一本书。它是以我自己的文章为例，具体谈读写之间的关系和方法的一本书，可以和第一本《我教儿子学作文》呼应，也可以说是《我教儿子学作文》的升级版，关于读书和写作的话题，结合具体实例，稍微谈得深入一些。对于孩子的写作，对于中小学的语文与作文教学，希望做一点有的放矢的探讨和实践，起码可以给孩子，给老师和家长一个看得见摸得着的试验园地。

　　心里的计划，还应该有两本书，才能构成这一套关于孩子成长系列稍微完整一些的蓝图。一本是《我的美术漫记》，专门谈美不胜收的各种风格的绘画，谈世界和我国大美术家的故事；一本是《我的体育散记》，专门谈世界包括我国体育明星的故事，和我与他们的交往的记录。之所以有这样的构想，是因为这样两方面和孩子的成长密切相关。我一直觉得这个系列少了一本谈美术的，缺少了美育的教育，孩子的成长史是不完整的；而体育则是孩子成长中更为重要的元素，哪一个孩子会不喜欢体育呢？更何况，体育关乎着孩子身体的健康和强壮，这是和知识一起并立于他们一生的基石。可惜，由于我自己的学识和准备都还欠缺，总想着写成，却一直没能够完成。

　　给自己留一个小小的遗憾，也给这套丛书留一个小小的悬念。亲爱的读者，无论你们是孩子，还是老师和家长，或是其他的朋友，希望你们喜欢这套书，也希望你们等着我。

2014年7月4日写于布鲁明顿

自 序

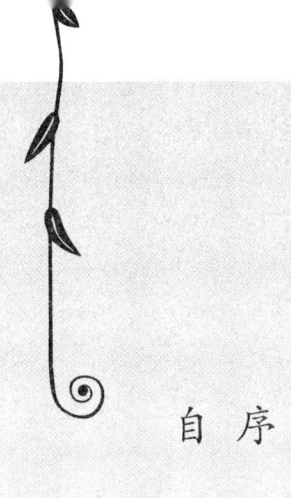

《我的读书笔记》出版后,很多读者来信说希望我能够写写自己写作的体会,这样,可以和读书笔记对照来看,比较一下我自己读书和写作之间的关系。也有读者说早就看过《我教儿子学作文》一书,说那都是说的孩子的作文,能不能拿你自己的作文作为实例,让我们看看两代人的写作之路,从中可以在对应和对照之间,寻到一些写作秘密的蛛丝马迹。

当然,读者的这些想法和要求,无疑都是好的,只是对于我而言,多少有些顾虑。毕竟指点孩子的作文要容易一些,把自己放在砧板上,拿自己下刀子,解剖自己,一时觉得无从下手,便把这个念头暂时放下,一放放了两年多。

一直到去年的年初,我在北京的一次读书讲座的时候,见到一位小姑娘,她手里拿着一本《我的读书笔记》,走到我的面前,让我签名之后,问我:为什么不写一本谈您自己文章写作体会的书呢?我们好多次的语文考试和模拟练习中,选了您不少文章呢。您自己谈,我们也可以做个参考呀!

这是一位读初二的小姑娘。她的问话再次让这本书的写作计划冲撞在我的心里，并提到议事日程。或许真的会对孩子们有些实际的帮助呢。我想起前辈叶圣陶先生，不也曾经写过一本《文章例话》的书吗？即使一时做不到那样的好，我可以照葫芦画瓢，学习前辈对孩子的关心，为帮助孩子们的读书和写作做一点尝试和努力。

如今中小学学生的读书和写作，都无可奈何地被考试这样的一只无形之手所拨弄，完全站在理想主义的立场上，对这样的阅读和写作所存在的问题加以驳斥，无疑是容易的，却也容易简单化。正视这样积淀已久的现实，逐步改变这样的现实，需要假以时日，需要老师、家长、同学和社会关心孩子成长，特别是关心中小学语文教学的有识之士，几方面富于建设性的共同实践和努力，而不是简单化地批判，让孩子和老师、家长只有气愤而无所适从。

我想，我可以做个试验，以自己为例，和孩子们一起探讨阅读和写作，探讨阅读和写作之间的关联，它们彼此之间有什么样的路径和通道可以寻找并打通，又有什么样的具体方法可以借鉴和学习，从而让读书和写作更有现实实际的意义，同时，也能够更充满探索的乐趣与希望。

于是，这本书开始动手写了，陆陆续续写了一年。首先，前后几次颠簸和斟酌，选定了我自己的39篇散文，其中尽量选了在全国各地中学语文考试和练习题中曾经作为题目的文章。这样做的目的，有两条，一是对于孩子们而言，会有熟悉感和亲切感，便于他们接受；另一对于我自己而言，选择那些尽可能明确而单纯一点的文章，便于我自己对于具体的写作方法的解读，或者便于我自圆其说。

兼顾读者和作者两头，使得选文麻烦一些，但是，具体写作起来便容易操作一些。这样，这本书写出来了。分为前后两部分，前一部分，主要谈具体文章整体的写法，比如，一个人、一件事、一个景、一个物、一本书、一场戏，怎么写，怎么读，怎么欣赏。后一部分，主要谈文章具体的写法，比如开头、结尾怎么写，细节如何捕捉，结构如何处理，材料如何选择和引用，主题如何发现和提炼……一共24讲，不敢说囊括了读写的方方面面，只是希望能够抓住重点，孩子们普遍关心的要点，以及中小学读写教学方面目前存在的一些弱点，做一些我自以为是的解读和解剖。我希望尽可能写得浅显、生动一些，能如老师给同学讲课，如家长和孩子谈心一样，讲完这样24讲。我希望孩子们和老师以及家长们，如果还能够包括一些爱好文学写作的青年朋友们则更好，读完这本小书，觉得还算可以，还算具体，受到一点儿启发，有那么一些可操作性，不那么枯燥，不那么大而化之，从理论到理论的人云亦云，能够让你们偶尔一动，心有所悟，燃起你们对读书和写作新的兴趣和欲望，或者和老师和家长有新的探讨乃至争论的冲动，便达到了我写作的目的。

当然，我更期待着你们的批评。

2014年7月3日写于布鲁明顿

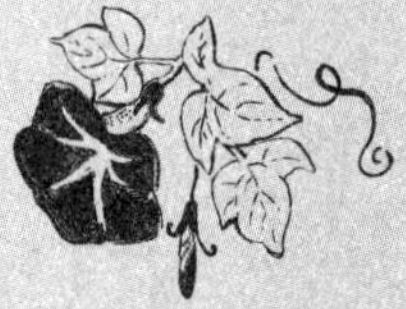

一件事怎么写（一）
——铺垫的作用 / 001

附录：草帽歌 / 005

窗前的年灯 / 008

一件事怎么写（二）
——角度的重要性 / 011

附录：上一碗米饭的时间 / 016

到天堂的距离 / 019

一个人怎么写（一）
——一条线和一个意象 / 023

附录：五月的鲜花 / 030

花荫凉儿 / 034

一个人怎么写（二）
——一个结点上的亮相 / 038

附录：大年初一的饺子 / 041

清明忆 / 045

一个景怎么写（一）
　　——对应法 / 048
　附录：双瀑记 / 052
　　　　桂湖吟 / 054

一个景怎么写（二）
　　——对比法 / 057
　附录：杜鹃　杜鹃 / 060
　　　　水的传奇 / 063

一个物怎么写（一）
　　——物和人的关系 / 067
　附录：佛手之香 / 070

一个物怎么写（二）
　　——主题和思想的体现 / 074
　附录：乡间旧谷仓 / 077

一本书怎么读（一）
　　——读后感写作的"读"和"感" / 082
　附录：美味和美文
　　　　——《舌尖上的东北》读后 / 085

一本书怎么读（二）
　　——读后感写作的新意方法一种 / 089

附录：吴小如和德彪西 / 092

一出戏怎么看（一）
——观后感写作中的联想 / 096
附录：千古忠孝节与义
——京剧《四郎探母》谈 / 99

一出戏怎么看（二）
——观后感写作中的引用 / 105
附录：到底谁有病
——话剧《鸟人》观后 / 108

开门见山和迂回法
——文章的开头 / 113
附录：花布和苹果 / 117
树的敬畏 / 121

从生活中寻找
——文章的结尾 / 124
附录：飞机延误之后 / 127
窗前的花今年开了 / 131

踩着尾巴头会动
——从结尾写起 / 135
附录：孤独的普希金 / 139

"制高点" / 142

锻炼自己发现的眼睛
　　——细节的捕捉 / 146
　附录：万圣节的南瓜 / 151
　　　　重逢仙客来 / 154

重复的作用
　　——素材的选择 / 158
　附录：超重 / 161
　　　　孤单的雪人 / 164

借水行船
　　——文章中材料的引用 / 167
　附录：公交车落下的花瓣 / 170
　　　　杜梨树 / 173

把零散的珠子串起来
　　——素材的处理方法一种 / 176
　附录：阳光的三种用法 / 179
　　　　孤独的比赛 / 182

糖葫芦法则
　　——素材的处理方法另一种 / 185
　附录：亲笔信 / 188

折叠法、悬念和衬托
　　——文章的结构处理 / 192
　　附录：喝得很慢的土豆汤 / 196

雷诺阿能去听音乐会吗
　　——联想和想象 / 202
　　附录：贪官的名字 / 206
　　　　　雷诺阿听音乐会去了 / 209

做汤最后放的那一点儿盐
　　——文章的升华 / 213
　　附录：等那一束光 / 217
　　　　　阳光的感觉 / 220

写作就是写回忆
　　——写作的第三种成分 / 223
　　附录：童心比童年更美丽 / 227

附录：肖复兴入选语文课本和试题的选文篇目 / 233

一件事怎么写（一）

—— 铺垫的作用

从一件具体的事情写起，是写作入门的必经之路。无论当初我自己做学生的时候，还是后来我自己的孩子又做了学生的时候，老师总会出这样的作文题目：《最难忘的一件事》《最有意义的一件事》《记寒假里的一件事》《我童年的一件事》……不一而足，常常是要求写一件事。这是学习写作绕不开的第一步。

记得三十多年前，我当中学老师，在黑板上写出的给学生的第一篇作文题，便是《最（　　）的一件事》，一道选择填空作文题，和我的老师当初教我的时候布置的作文题目一样，万变不离其宗，还是逃不脱的一件事。

可以说，写好一件事，是我们写作入门的素描课，是基础，是童子功，这就好比达·芬奇画蛋——尽管这比喻已经快老掉牙了，却不能因为老就没有了道理。怎么写，从哪儿写，怎么样将一件事写得清楚、生动，又耐看，格外锻炼人的眼光和笔力。

说眼光，是说你要有选择的眼光，才能够在世界万千景象中把这件事情沙里淘金选择出来。否则，众里寻他千百度，为什么偏偏在那么多发生的事情中独独选择出它来呢？

说笔力，是说这件事选择出来了，如何写，才可以避免简单化的叙述，避免过于程式化的罗列，避免一般化的描写，把一件本来挺生动的事情，干巴巴的写得如话梅核一样索然无味。

这里只谈后者，如何写。

《草帽歌》，其实就是一件很简单的事，概括起来，就这样一句话：以前在北大荒插队，麦收的时候，一个女同学给我送东西，看见我割麦子一头汗，顺便把她自己戴的草帽给了我。如果我就这样写了，写得再具体，再详细，也只能是这句话的扩写，很难做到生动，更别提让人读后觉得有点味道了。

这就牵扯到描写。

先写天热和麦地里没有人来，是必须的，因为这是人物和草帽出场的必要条件，没有这两样条件，比如是个挺凉快的天，很多人聚在一起挺热闹，人物和草帽的出场便没有了价值。没有人，盼人来，人来了，才打破了寂寞；天热，有了草帽，才有了珍贵之情。因此，这样两个条件，不能一笔带过。如果一笔带过，让人物和草帽急匆匆地出场，人物和草帽就一定会显得很平淡了。《草帽歌》前三个自然段，其实写的都是这两样条件。这就是描写，虽然描写的只是客观的条件，看起来和草帽无关，但是，这是人物和草帽出场的必要铺垫。

这样，人物和草帽出场了，才会"如同一个金色的童

话"。因此，要写好一件事，先不要着急直接写那一件事，而是先要写好发生这件事的铺垫。初学写作的同学，往往容易着急，忙忙叨叨地直奔那件事而去，那样的话，往往会使得这件事因为匆忙的交代而写得潦草而粗糙。

后面人物出场了，先写送从家里带来的东西，这不是主要的；东西送完了，就要送草帽了，这才是重头戏。但是，也不能那么急，这里需要缓一口气，就是人们常说的，作文要有一个跌宕。再小的文章，写再小的事情，也需要这样的跌宕，否则就容易出现平铺直叙的毛病，所谓文章喜起不喜平。于是，我又写了两个自然段，一段写人走了，又是自己一人割麦子时的心情；一段写麦地里麦子捆七零八落的实景。其实，景也是为衬托心情。所有这样的心情，是为了人物和草帽的第二次出场服务的。依然是铺垫，是为了烘托草帽的出场。这时候，才让草帽适时地从她的头上摘下来，"一头热汗蒸腾的头发像是刚刚揭开锅的笼屉"。文章可以收笔了，而无需再多说一句话。

其实，文章就是这样的简单，说起来，就是需要人物和草帽前后两次出场前的铺垫，如同烧水沏茶，第一次铺垫，火候不够，再加一把柴，如此两次的铺垫，方才容易水到渠成。

再举《窗前的年灯》作例子，来说明铺垫在文章中的作用。

这篇文章，如果去掉了铺垫，会变得非常简单，就是老北京有这样一个民俗，过年要点亮一盏年灯，等候亲人的归来。

什么时候亲人回来了,这盏年灯才可以熄灭。如果亲人一直都没有回家过年,这盏年灯每晚都要点亮,一直要亮到正月十五。一位老人家的窗前,好几年就这样亮着年灯,一直到正月十五。今年的初五,他家窗前的年灯突然熄灭了,因为他远在海外的孩子终于回来和他一起过年了。

事情就是这样简单。但是,就这样简单地写出,会没有一点味道。铺垫,便凸现在文章中不可取代的作用。在这篇文章中,我铺垫了三方面的内容:一是想起我自己年轻时候的往事,即无论我回家多晚,母亲都会为我亮着灯守候;二是我和老爷子的交往,写出他的孩子在国外,他盼望孩子能回家过年,却始终未能如愿;三是今年他家的年灯换了一盏漂亮的宫灯。

很显然,这里所运用的铺垫,和《草帽歌》不大一样。《草帽歌》的铺垫,都是在同一个时间、同一件事上,基本上都是描写。《窗前的年灯》中,第一处铺垫用的是回忆,是和老爷子家的年灯不同的事情;第二处铺垫用的是插叙,为了交代老爷子每年点亮年灯的原因;第三处铺垫是今年换灯其实是换心情,更是一种期待的愿望。

如果说,《草帽歌》的铺垫,是属于戏剧中"三一律"式的写法,即时间、地点和人物都集中在一起,那么,《窗前的年灯》的铺垫,则是属于散点透视的写法,时间、地点和人物都不必那么集中。但是,铺垫的方法可以不同,所指向的方向却是相同的。《草帽歌》最后指向的是如同金色童话的那顶草

帽,《窗前的年灯》最后指向的是终于熄灭的那盏年灯。

我想说的是,铺垫有多种多样的方法,我们需要学习和运用不同的铺垫方法,才能够让文章的写作更容易多姿多彩,而避免简单直白的叙述,让文章从一开头就一碗清水见了底那样索然无味。

铺垫,在文章中的作用,就像自然中的现象一样,比如花开,不可能是一下子就怒放出一个笑脸,总需要一点点把花骨朵展开;比如下雨,再迅猛的暴雨,也需要有一个乌云聚拢的过程,还得再让老天爷打点儿雷,闪点儿电,风吹得猛点儿,归巢的鸟儿飞得急些。缺少铺垫的文章,便是违背自然也违背写作的规律,自然难以写得生动。这一点,无论是学生最初写作文,还是如我们大人一样写文章,都是需要注意、需要努力的。

附录:

草　帽　歌

那年的夏天,我在5号地割麦子。北大荒的麦田,甩手无边,金黄色的麦浪起伏,一直翻涌到天边。一人负责一片地,那一片地大得足够割上一个星期,抬起头时是麦子,低下头还是麦子，四周老远见不着一个人，真的磨人的性子。北大荒有俗语：割麦和泥垒大坯，是属于磨性子的三大累活。

那天的中午，日头顶在头顶，热得附近连棵树的阴凉都没有。吃了带来的一点儿干粮，喝了口水，刚刚接着干了没一袋烟的工夫，麦田那边的地头传来叫我名字的声音，麦穗齐腰，地头地势又低，看不清来的人是谁，只听见声音在麦田里清澈回荡，仿佛都染上了麦子一样的金色。

我顺着声音回了一声：我在这儿呢！顺便歇会儿，偷点儿懒。径直望去，只见麦穗摇曳着一片金黄，过了好大一会儿，才渐渐地看见麦穗上飘浮着一顶草帽，由于草帽也是黄色的，和麦穗像是长在了一起，风吹着它一路船一样飘来，在烈日的直射下，如同一个金色的童话。

走近一看，原来是我的一个女同学。她长得娇小玲珑，非常可爱，我们是从北京一起来到北大荒的，她被分在另一个生产队，离我这里36里地。她是刚刚从北京探亲回来，家里托她给我捎了点儿吃的东西，她怕有辱使命，赶紧给我送来。队里的人告诉她我正在5号地割麦子，她又马不停蹄地跑到了麦地里。当然，我心里明镜似的清楚，那时，她对我颇有好感，要不也不会有那么大的积极性。

接过她捎来的东西，感谢的话、过年的话、玩笑的话、扯淡的话、没话找话的话……都说过了之后，彼此都绷着面子，又不敢图穷匕首见，道出真情，便一下子哑场，到告别的时候了。最后，我开玩笑对她说：要不你帮我割会儿麦子？她说：拉倒吧，

留着你自己慢慢地解闷吧。便和我告别，连个手都没有握。

麦田里，又只剩下我一个人，无边翻滚的麦浪，一层层紧紧拥抱着我，那不是恋人的爱，而是魔鬼一般的磨炼，磨退一层皮，让你感觉人的渺小，然后渐渐适应，让别人说你成熟。

大约过去了一个小时，身后的麦捆都捆好了好多个，战俘一样七零八落地倒伏着。忽然，地头又传来叫声，还是她，还是在叫我的名字。我回应着她，趁机又歇会儿。过了一会儿，看见那顶草帽又飘了过来，她一脸汗珠地站在我的面前。

我不知道她来回走了八里多地折回来干什么，心里猜想会不会是她鼓足了勇气要向我表达什么了，一想到这儿，我倒不大自在起来。

她从头上摘下草帽，一头热汗蒸腾的头发像是刚刚揭开锅的笼屉。她把草帽递给我说：走到半路上才想起来，多毒的日头，你割麦子连个草帽都没有！然后，她走了，望着她的身影在麦田里消失，完全融化在麦穗摇曳的一片金色中，我没有找出一句话，我总该对人家说一句什么才好。

往事如烟，过去了将近四十年，日子让我们一起变老，阴差阳错中我们各自东西。但是，常常会让我感慨，有时候，你不得不承认，无论是在记忆里，还是在现实中，友情比爱情更长久。

窗前的年灯

年又过去了。总还想起那盏年灯。今年的大年夜，我家后面老爷子家的年灯，在他家封闭阳台的落地窗前，照往年一样，又亮了起来。

老爷子是位老北京，讲究老理儿。过年的时候，家里如有亲人还没有赶回来，要点亮这样一盏年灯，等候亲人的归来。什么时候亲人回来了，这盏年灯才可以熄灭。如果亲人一直都没有回家过年，这盏年灯每晚都要点亮，一直要等到正月十五，也就是年完全过后，才可以不再点亮，将灯取下。

老爷子家这盏年灯，好几年过年的时候，都在点亮。从我家的后窗一眼就能望见，正对面老爷子家阳台窗前的这盏年灯，就这样一直亮到正月十五满街花灯绽放的时候。如今，满北京城，如老爷子这样坚持守候过年老理儿的人，不多见了。

每年过年期间，望着老爷子家这盏年灯，我都会想起自己年轻的时候，那时候母亲还在世，不管晚上我回家多晚，她老人家都会让家里的灯亮着。每次骑着自行车回家，四周房屋里的灯光都没有了，一片漆黑，老远，老远，一望见家里那盏橘黄色的灯光闪亮着，跳跃着，像跳跃着一颗小小的心脏，我的心里便会充满温暖，知道母亲还没有睡，还在等着我。母亲去世之后，我晚上回家，再也看不见那盏橘黄色的灯光了，好长一段时间都不

适应，心里都会有些伤感。对于我，灯，就是家；灯下，就是母亲。无论你回来有多晚，无论你离家有多远，灯只要在家里亮着，母亲就在家里等着。

因为老爷子的儿子和我的儿子都在美国，一样读完博士，在美国成家、生子、工作，我们有很多共同的话题，比较熟，也比较说得来。我知道，前些年，老爷子和老伴还常常去美国，看他的儿子，还帮助带带孙子。如今，孙子都上中学了，老爷子也真的老了。他不止一次对我说：快八十了，十几个小时的飞机坐不了喽，前列腺不争气，总得上厕所。便盼望儿子能够带着媳妇和孙子回来过一回春节。盼了好几年，不是儿子和儿媳妇工作忙，就是孙子春节期间正上学请不了假，都没有能够回来。每年春节，老爷子家阳台的窗前，都亮起了年灯。

今年老爷子家的这盏年灯，变了花样。以往，都只是一盏普通的吊灯，半圆形乳白色的灯罩，垂挂着一支暖色的节能灯。有时候，为了增添一些过年的气氛，老爷子会在灯罩上蒙上一层红纸或红纱。今年，换成了一盏长方形的八角宫灯，下面垂着金黄色的穗子，木制，纱面，上面绘着彩画，因为距离有点儿远，看不清画的是什么，但五颜六色的，显得很漂亮，过年的色彩，一下子浓了。不知道老爷子是从哪儿淘换了这么一个玩意儿。

老爷子家的这盏年灯，就这样又像往年一样，在大年夜里亮了一宿。烟花腾空，缤纷辉映在他家窗前的时候，暂时遮挡了年灯，但当烟花落下之后，年灯又明亮地亮了起来。让我觉得特别像是大海里的浪涛，一浪一浪翻滚过后，只有它像礁石一样立在那里不动。那岿然不动的样子，那执着旺盛的心气，颇有点儿像老爷子。

大年初一过去了，大年初二也过去了……老爷子的年灯，就这么一直亮着。在整个小区里，不知道还有没有什么人，会注意到有这样一盏年灯；在偌大的北京城，不知道还有没有什么人，能守着这么一份过年的老理儿，点亮这样一盏守候着亲人回家过年的年灯。

一天半夜里，我起夜，在厕所的后窗瞥见那盏年灯，无月无星只有重重雾霾的夜色里，它比一颗星星还亮，亮得如同一个旷世久远的童话。我心里不禁有些感慨，既为老爷子，也为老爷子的儿子，同时，也为自己。

大年初五的早晨，我起床后，从后窗望去，忽然发现，老爷子家阳台落地窗前的那盏年灯，没有了。这一天的天气难得格外的晴朗，太阳斜照在他家阳台的落地窗上，明晃晃地反光，直刺我的眼睛，我以为眼花了，没有看清。定睛再细看，年灯真的没有了。

正有些奇怪，看见一个男人领着一个十几岁的男孩子，走进阳台，他们都穿着一身运动衣，两人做起了体操来。不用说，老爷子的儿子和孙子回家了。虽然没有赶上年夜饭，毕竟赶上了今天晚上破五的饺子。离正月十五还有十天，年还没有过完呢。

一件事怎么写（二）

—— 角度的重要性

《上一碗米饭的时间》，也是写的一件事。概括起来，也是一句话：大冷的天，一个农民工没有多少钱，进了饭馆只要一碗米饭，服务员半天也没上这碗米饭，等米饭终于上来了，农民工走了。

如何把这件事情写好？仅仅依靠铺垫，比如写天气怎么冷，写农民工等得怎么焦急，然后把势利眼的服务员骂上几句，就显得不够用了，失之于简单。即使勉强写出来了，也会很一般化。这篇文章我迟迟没有下笔，总觉得不大好写。

不好写的原因，是没有找到好的角度。

最后，我选择了从人物关系入手，因为在这件事发生过程中，出现了农民工、服务员和我三个人。我们三人那时候都在饭馆这一规定的情境中，虽然素不相识，彼此也没有说什么话，但因为一碗米饭而彼此有了联系。即农民工要一碗米饭，服务员半天也没给他上这碗米饭，我看不过去了，替农民工要了一碗米饭。这样，一碗米饭，就不仅仅是简单的一碗米饭，而有了层层递进的变化，有了往返循环的流动。而我们三个人因一碗米饭,也发生着微妙的心理变化,甚至是心理斗法。当我发现到这一点的时候,我发现这一碗米饭,居然在心理上密切联系着我们三个人,挺新鲜的,挺有意思的,我才觉得能够下笔了,或者说,我的心里才有了底气,敢于下笔写这篇文章了。

其实,就是说,我终于找到了这篇文章的角度。也就是说,找到了这篇文章的突破口。选择好了角度,文章才容易写。

任何最初学习写作的学生,都会面临着和我一样寻找最适合自己这篇文章的角度的过程。因此,寻找角度的过程,就是文章构思的过程,这个过程最锻炼人,也是最需要学习和锻炼的。在这样的过程中,学生们一般最愿意走简便的路,即把自己经历的事情小猫吃鱼一般事无巨细地从头写到尾,一件挺有意思的事,就容易写得臃肿,写得没有了意思。

所以,在选择这个角度的过程中,不是着急地把这件事想得如何细致而周到,而是需要找到这件事的哪一点,最打动了自己,或者说最有意思、最值得去写。这是一篇文章写作的路径,也是一篇文章写作的方向。显然,我在饭馆里看见的这件事最打动我的就是那一碗米饭。米饭是文章的一个焦点,这一碗米饭辐射开来,连载着我们三个人,三个人的关系由一碗米饭而凝结而展开。我接着需要做的,便是仔细分析一下自己和那两个人物的心理,在这一碗米饭面前,到底是怎样浮动和展开的,因为在事情发生的过程中,我们彼此没有什么交流,可

以让彼此知道各自真实的心理。只有靠揣摩，根据实际情况进行分析。这个分析的过程，就是选择角度深化并具体化的过程。

农民工如果不是太饿，不会走进饭馆；走进饭馆，由于钱不多只要了一碗米饭，心里肯定不自在；众目睽睽之下，怕人看不起，偏偏遭受到了服务员的冷漠；由一碗米饭所映现在农民工心里这样的三个层次，让农民工和服务员在这一点上，即使彼此不说话，也有了交织的点。

农民工进来，和我坐在饭桌的对面，他看着我吃饭，有些尴尬；我看着他久久等不来一碗米饭，而自己却在吃饭，想拨给他一点吃的，又怕伤他的自尊，我也有些尴尬；便想起再要一点东西，顺便也要一碗米饭来解决这样的尴尬。由一碗米饭所波动在我心里这样的三个层次，让我们两人在一碗米饭上也有了交织。

同时，因为我向服务员要这一碗米饭，和服务员也有了交织的点。这样，我们三个人在一碗米饭前，都有了交织。

这个交织的点，就是文章的角度。从人物关系出发，从人物心理入手，是为了写好这个角度服务的，或者说，是选择这个角度的诱因和路径。

文章是围绕着这个交织的点来作的，文章就不仅容易作得集中，而且容易把三人的心理写得不会那么抽象，那么不具体。虽然三人没有任何正面的冲突，但在这上一碗米饭的短短时间里，三人的心里是翻云覆雨的，也就是说，各自的行为和说话，别看都挺简单，却都有着丰富的潜台词。文章由这样一个点展开，就不难了，也就是说有话可说了，而不会拘泥于这件事而只是就事论事。

选择文章的角度有多种多样，这只是其中一种。最初学习作文的学生，选择文章角度的时候，往往容易把眼睛死死盯着这件事的外部或过程，而忽略了这件事的内部成因，特别容易忽略发生这件事的人物相互的关系和彼此的心理作用。希望这篇文章能够给大家一个参考。

《到天堂的距离》的构思角度，可能会进一步说明这一点。这篇文章要写的一件事，是一锅疙瘩汤。尽管一锅疙瘩汤和一碗米饭很对应，但是，这一锅疙瘩汤，远比《上一碗米饭的时间》要简单得多，不过就是在以往艰苦的日子里，为何朋友之间常常能以一锅疙瘩汤度过我们难忘的日子的事情。这件再简单不过的事情，却一直存活在我的心里，常常让我涌起要写写这锅疙瘩汤的冲动。因为这锅疙瘩汤，看起来虽然简单，却见证了那个时代我们的友情，以及我们对生活的态度。

可是，怎么写，却让我颇费踌躇。这锅疙瘩汤和那碗米饭不一样。它没有那么错综的人物关系，没有那么复杂的心理斗法，没有那么丰富的潜台词。也就是说，它不具备那样的戏剧性，容易铺排书写。它就是一锅疙瘩汤，朋友来了，我们聊天，没什么可吃的，我做一锅疙瘩汤，我们喝得精光，我们聊得痛快。就这样写吗？几句话，就没词儿了。即便你有生花妙笔，把那一锅疙瘩汤写出花儿来，也不过只是

一锅疙瘩汤而已。

那一锅疙瘩汤，早已经过去了几十年，属于青春的记忆了，却一直没有能写成文章。没有写出来的原因，便在于没有找到一个好的合适的构思角度。

直到有一天，我读到美国女诗人狄金森的诗，其中一首"到天堂的距离/像到那最近的房屋/如果那里有个朋友等待着……"让我的眼前一亮。房屋里等待的朋友，和到天堂的距离，这样根本就不挨不靠的两件事情，让诗人联系在了一起，像是突然起了化学反应一样，在我的眼前升腾起了璀璨的火花。我立刻想起了我的那位朋友，想起了我们喝了那么多次的那锅疙瘩汤，和到天堂的距离一下子合成了一幅图画。这幅图画，是由疙瘩汤和天堂的距离——一个现实，一个想象，共同组成，使得那锅疙瘩汤里添加了别样的作料一样，有了特别的味道。也就是说，那锅疙瘩汤，既是疙瘩汤，也不是疙瘩汤，有了可以想象和展开的新天地。

我终于为那锅疙瘩汤找到了构思的角度。狄金森的这首诗，点燃了我过去的回忆，拓宽了我的思路，让那锅疙瘩汤有了别样的滋味。

文章一下子变得好写了。和《上一碗米饭的时间》集中在一碗米饭不同，我不必纠结在那一锅疙瘩汤的描写，而是撒开来，去写由此而来的感想。这感想既可以是属于过去时代的，也可以是面对今天现实新生活的。因为有了诗的启发，有了"到天堂的距离"的意象的导引，那一锅疙瘩汤，也蔓延开来，滋润着过去的岁月和今天的日子，以及我们彼此的心灵和精神。

构思角度的选择，就是有着这样点石成金的作用，就是这样的众里寻他千百度，那人却在灯火阑珊处，需要我们耐心地寻找，用我们的心和眼睛，能够和她有一个美丽的邂逅。

附录：

上一碗米饭的时间

入冬后北京最冷的那天晚上，我在一家小饭馆里。家里的人都出了远门，没有饭辙儿，要不我是不会在这么冷的天跑出来到这里吃晚饭。正是饭点儿，小饭馆里顾客盈门，只剩下靠门口的一张桌子空着，虽然只要一开门，冷风就会乘机呼呼而入，别无选择，我只好坐在了那儿。

服务员是位模样儿俊俏的小个子姑娘，拿着个小本子，笑吟吟地站在我的面前，一口外地口音问我：您吃点儿什么？我要了三两茴香馅的饺子和一盆西红柿牛腩锅仔。很快，饺子和锅仔都上来了，热气腾腾的扑面撩人，呼啸寒风，便都挡在了窗外了。

埋头吃得热乎乎的，忽然觉得有一股冷风吹来，抬头一看，一位老头已经走到我的桌前，也是别无选择地坐了下来。在我的

对面坐下来之后，大概看见我正在望着他，老头冲我笑了笑，那笑有些僵硬，不大自然。也许，是为自己一身油渍麻花的破棉袄感到有些羞涩，和这一饭馆衣着光鲜的红男绿女对应得不大谐调。我看不出他有多大年纪，或许还没有我大，只是胡子拉碴的显得有些苍老。我猜想他可能是位进城务工人员，或者刚刚来到北京找活儿的外乡人。

他坐在那里，半天也没见服务员过来，便没话找话地和我搭话，指指饺子，问我饺子怎么卖。我告诉他一两3块钱吧。他立刻应了声：这么贵！这时候，那个小个子姑娘拿着小本子走了过来，走到老头的身边，问道：你吃什么？老头望了望她，多少有点儿犹豫，最后说：我要一碗米饭。姑娘弯下头在小本子上记下来，又抬起头问：还要什么？老头说：就一碗米饭！姑娘有些奇怪：不再要点儿什么菜？老头这回毫不犹豫地说：一碗米饭就够了。然后补充句，要不麻烦你再给我倒碗开水！姑娘不耐烦了，一转身冲我眉毛一挑，撇了撇嘴，风摆柳枝般走了。

过了好长时间，也没见姑娘把一碗米饭上来，更不要说那一碗开水了。在这样一个势利眼长得比鸡眼还多的社会里，人们的眼睛都容易长到了眼眉毛上面，很多饭馆都会这样，不会把只要一碗米饭的顾客放在心上，更何况是一个衣衫褴褛的老头，在他们眼里几乎是乞丐一样呢。姑娘来回走了几次，大概早忘了这一碗米饭。

我悄悄地望了一眼对面的老头，看得出来，老头有些心急，也有些尴尬，又不知道如何是好，如坐针毡。如果有钱，谁会只要一碗白米饭呢？但如果不是真的饿了，谁又会非得进来忍受白眼和冷漠而只要一碗白米饭呢？

我很想把盘子里的饺子让给老头先垫补一下，但把剩下小半盘的饺子给人家吃，总显得不那么礼貌，有些居高临下，就像电影《青春之歌》里的余永泽打发要饭的似的。那锅仔我还没有动，可以先让他喝几口，但一想饭还没吃，先让人家喝汤，恐怕也不合适，而且也容易被老头拒绝。

因此，当姑娘又向这边走来的时候，我远远地冲她招招手，她走了过来，老头看见了她，张着嘴动了动，一定是想问她：我那一碗米饭呢？但如今的小姑娘哪一个好惹？看人下菜碟，已是常态，势利的现实和势利的城市，早完成了她活生生的青春期教育。为了避免尴尬，我先把话抢了过来，对她说：姑娘，你给我上碗米饭！话音刚落，怕她同样嫌弃我也只要一碗米饭，便又加了句：再来三两饺子。姑娘在小本子上记了下来，转身走了。我冲着她的背影喊了句：快点儿呀！她头也没有回，扬扬手中的小本说道：行哩！

老头望了望姑娘走去的背影，又望了望我，什么话都没有说，似乎是想看看，同样一碗米饭，到底谁的先上来。一下子，让我忽然感觉偌大的饭馆里，仿佛主角只剩下了老头、姑娘和我三个人，三个人彼此的心思颠簸着，纠结着，一时无语却有着不少的潜台词。

我望了望老头，也没有说话。我是想等这一碗米饭和三两饺子上来，一起给老头，谁家都有老人，谁都有老的时候，谁都有

饿的时候,谁都有钱紧甚至是一分钱让尿憋死的时候。

老头垂下头,不再看我。我埋下头来,吃那小半盘的剩饺子,也不敢再望他,我不知道此刻他在想什么,但生怕我的目光总落在他的身上会让他觉得尴尬。有时候,只能让人感慨生活现实的冷漠,比窗外的寒风还要厉害,人与人之间的隔膜,如今是越来越深了,并不是一碗米饭几两饺子就能够化解的。

很快,也就是那小半盘剩饺子快要吃完的工夫,只听姑娘一声喊:您的米饭和饺子来了,便把一碗米饭和三两热腾腾的饺子端在我的桌子上,同时也把老头的那一碗米饭端在桌上。可是,抬头的时候,我和姑娘都发现,对面的老头已经不在了。

其实,只是上一碗米饭的时间。

到天堂的距离

第一次读美国女诗人狄金森的诗,随手随便翻着书,像是占卜,翻到哪一页就是哪一页,翻到的是这样的一首:

到天堂的距离
像到那最近的房屋
如果那里有个朋友在等待着
无论是祸是福

这几句短短的诗，便再也没有忘记。是湖南人民出版社1984年版的《狄金森诗选》。一本灰绿色的封面。好诗，就像是漂亮的姑娘，留给人的印象总是深的。

到天堂的距离真的就是那样的近吗？只要那里有个朋友在等待着？

当时，我这样问自己。我的答案是肯定的。狄金森说出了我心里的话。

那时，我有一个朋友，他和我都在中学里当老师，我们都刚刚从北大荒回到北京。常常就是这样，有事没事，心里高兴了，心里烦恼了，都会相互地跑过来，不是我到他家，就是他到我家，不管是刮风，还是下雪，骑着一辆破自行车，跑了过来，远远地看见了屋里的灯光亮着，就会觉得那橘黄色的灯光像是温馨的心在跳动，朋友——不管对于我，还是对于他——都正在屋里等待着呢。

我们聚在一起，其实只是聊聊天，无主题的聊天，却曾经给予我们那样多的快乐。那时，我们都不富裕，唯一富裕的是时间。那时，我们哪儿也不去，就是到家里来聊天，其实是因为我们衣袋里实在"兵力"不足，不敢到外面去花费。一杯清茶，两袖清风，就那样地聊着，彼此安慰着，鼓励着，或者根本没有安慰，也不鼓励，只是天马行空天南地北地瞎聊，一直聊到夜深人静，哪怕窗外寒风呼啸或是大雪纷飞。如果是在我家，聊得饿了，我就捅开煤火，做上满满一锅的面疙瘩汤，放点儿香油，放点儿酱油，放点儿菜叶，如果有鸡蛋，再飞上一圈蛋花，就是最

奢侈的享受了,那是那段日子里我拿手的厨艺。围着锅,就着热乎劲,满满的一锅,我们两个人竟然吃得一点不剩。

其实,现在想想,那时候我们在一起聊天中所包含的内容,也不见得多么的高尚,并不是将精神将感情将心中残存的一份浪漫,极其认真而投入地细针密线缝缀成灿烂的一匹云锦。虽然到头来做不成一床鸳鸯被面,毕竟也曾经闪烁在我们的头顶,辉映在我们的心里,迸发出一点星星的光芒,让我们眼前不曾一片漆黑。

我们也没有如现在的年轻人一样,讲究一番设计和规划乃至包装,让未来的日子脱胎于今日,让投入和产出成一种正比上升的函数弧线,或者借助我们的关系滚雪球似的再发展一张新的关系网。没有,我们只是以一种意识流的聊天方式,以一种无知般的幼稚态度,以一种乌托邦的放射思维,度过了那一个又一个只有疙瘩汤相伴的日子。如果按照现在的标准,我们是颗粒无收,我们不仅浪费了时光,也浪费了赚钱和升迁的机遇。

但是,我依然想念那些个单纯的只有疙瘩汤相伴的日子。我们心无旁骛,所以我们单纯,所以我们快乐;我们知足,所以我们自足,所以我们快乐。

夜晚,我盼望着他到我家里来,同样,他也盼望着我到他家里去。那时,我们没有电话,没有手机,没有金钱,没有老婆,没有官职,没有楼房。但是,那时,我们真的很快乐。往事如观流水,来者如仰高山,我们只管眼前,我们相互鼓励,我们彼此安慰,并不是如今手机短信巧妙编织好的短语,也不是新年贺卡烫金印制上的警句,更不是像现在一样,靠电话靠"伊妹儿"。我们只是靠着最原始的方法,到对方的家里去,面对面,接上地气,接上气场,让感情贯通,让呼吸直对呼吸。我们只是心有灵犀一点通,谈笑之中,将一切化解,将一切点燃。

　　记得有一次,我去他家,他正因为什么事情(大概是学校里的工作安排)而烦恼不堪,低着头,闷葫芦似的,一句话也不说。我拉着他出门骑上自行车,跟我一起回家。一路顶着风,我们都没有说话,回到家,我做了一锅疙瘩汤,我们围着锅,热乎乎地喝完,他又开始说笑起来,什么都忘了,什么也都想起来了。

　　记得有一次,我的母亲突然去世,想起母亲在世时的一桩桩往事,想起自己年轻时候的不懂事而让母亲伤心,我正在悲痛欲绝而渴望有一个可以向他倾诉的人,怎么这么巧,他推门走进我的家,像是知道我的渴望一样。他就那么安静地坐在我的面前,听我的倾诉,一直听我陈芝麻烂谷子地讲完。他没有安慰我,那时候,倾听就是最好的安慰。我连一杯水都忘了给他倒,他知道,那时候,我需要的和他需要的是什么。

　　什么是天堂?对于不同的人,这个世界上有不同的天堂。对于我们,这就是天堂。狄金森说得对:

　　　　到天堂的距离
　　　　像到那最近的房屋
　　　　如果那里有个朋友在等待着
　　　　无论是祸是福

一个人怎么写（一）

—— 一条线和一个意象

写好一个人，也是初学写作的必经之路。学生作文中，特别是在记叙文写作中，一件事和一个人，往往是训练的必要场地，常常会要求学生们在这上面一试身手。也的确是这样的，一件事和一个人，都能够写好，便像是乒乓球左推右挡的基本功训练，熟练得得心应手之后，便可以左右开弓，无往而不胜，再写其他文体或题目，就会容易得多，简便得多。

写好一个人，最好先从自己身边的人写起，因为身边的人，时常和我们生活在一起，甚至天天耳鬓厮磨，毕竟熟悉，闭上眼睛，就会写出发生在他们身上或他们和我们之间的很多有意思的事情。但是，问题往往就容易出现在这里，因为太熟悉，知道的事情太多，而一时无从下手，从哪儿写起，写些什么事情为好呢。

当然，写一个人的一件事，最方便，最简单易行。但是，学生们，特别是高年级的学生，已经不满足于一人一事这样简单的写作方法。不过，这样一来，常常会出现这样的尴尬，将很多事情堆积一起写一个人，以为可以将这个人写得很丰富，却很可能像穿的衣服过多而显得臃肿、啰唆，以致写成了流水账，写成一锅粥子一般，相反让这些过多的事情淹没了这个人物。

我来谈谈自己的体会，从一篇写我的老师的文章入手，做个简单的分析——很多同学的作文常常是从写自己的老师入手的，我也不例外。

这篇《五月的鲜花》，写的是我的中学数学老师阎述诗先生。我也是写了关于他的好多事情，希望通过这些事情，写出这位老师的性格和品质。归纳起来，我所选择的这些事情分为两方面，一方面是他的教学，一方面是他艺术。之所以选择这样两方面的事情，是因为他的数学教学的造诣，他是北京市屈指可数的数学特级教师之一；同时也因为他的音乐天赋，他是著名歌曲《五月的鲜花》的作曲者。好的数学老师有很多，但具有这样两方面贡献的，不多，甚至可以说是绝无仅有。将这两方面结合在一起，可以写出这位老师与众不同的特点。这是没有问题的。

但是，下笔之前，我问自己，阎述诗老师这样两方面的特点，全校的同学谁不知道？如果要写阎老师，谁都会选择这样两方面写的。该如何写得和别的同学稍稍不一样一些呢？同时，又能够将这两方面的事情有个巧妙并有机的结合，相互串联起来成为一体，而不仅是单摆浮搁花开两枝般简单两方面的叙述？

我知道，这是这篇文章的关键。

于是，在数学和艺术这两方面，我侧重在教学方面。一般而言，写其艺术方面好写，因为关于艺术方面的事情，有一首《五月的鲜花》摆在那里，是醒目的，最有说服力的，但也是一般同学都要写并是最容易写的，我就要少写些，点到为止。重点需要做的是，选择和挖掘阎老师数学教学中富于艺术特质的一面，去有意让教学和他本身具有的艺术品格衔接。这样，我写了阎老师的精彩的板书，写了他一节课最后一句话和下课铃声的严丝合缝的重叠，写了他一丝不苟的备课笔记。这样三件事，集中在一个中心，即"阎老师是把数学课当成艺术对待的，他把数学课化为了艺术"。

在这里，艺术，这样抽象的一个词，把这三件有关教学的事串在了一起。如果没有这个串联，这三件事就会是一般的叙述，是事情的罗列，是我们同学常常在作文中出现的好人好事的简单描写。有了这样的串联，使得这样三件事有了一定的升华的意义，同时，不仅把单摆浮搁的三件事像散落的珠子用一个红线串成一串珠链，而且，让这三件事富予了新的色彩。

但是，艺术，这个词毕竟显得抽象，必须有形象的东西为之贯穿，才会使得文章生动形象，这根红线才可以是文章真正有艺术特点的红线。我选择了"五月的鲜花"作为这根红线。"五月的鲜花"，既是阎老师创作的歌曲，也是阎老师艺术特质的代名词，在这里，具有了双重的能指意义。这样一条红线的贯穿，一直到文章的结尾，阎老师去世之后，他的外孙女保留着他临终前吐出的最后一口鲜血——洁白的棉花上托着一块玛瑙红的血迹，都是要突出这个"五月的鲜花"。所以，在最后我要特别这样写道："那块血迹永远不会褪色。那是五月的鲜花，开遍在我们的心上。"这里所说的"五月的鲜花"，便能够让人多出一些联想，也让人会心会意，是他的歌曲、他的教学，连同他的人品与生命，一直都开放在这片原野和我们的心上。

可以设想，如果缺少了"五月的鲜花"这条红线的串联，那么，这些事情即便再动人，却容易缺少了彼此有机的衔接而显得散漫，而且，少了一些意义和韵味。同时，文章的结尾也就缺少了力度，而无法托得住。

当然，这只是写好人物的一种方法。这种方法，是要根据我们所掌握的人物的素材来选择，来提炼，来决定的。但是，在写人物众多事情的时候，有意识去寻找一条能够串联起这些事情的红线，还是一种常用并实用的选择，同学们不妨一试。

从某种程度而言，这样的串联，是为了写好这个人物的方法，同时，也是文章的构思和主题的确定的一种修辞策略。

再找一篇写老师的文章为例，仍然看如何把握并努力写好一个人的几件事。

这篇《花荫凉儿》写的依然是我中学的一位老师，她是学校图书馆的高挥老师。因为我和她交往的切身感受很深，所以对事情的选择方面，显得很容易。高老师在负责图书馆时对我的帮助，乃至"文化大革命"中图书馆被封，她依然冒着风险为我找书的那些难忘的事情，经历了岁月的磨洗，至今未忘，

沉淀下来，化为经年不化的琥珀一样，无形中帮助了我对素材的选择，觉得写起来应该不会难。

但是，真正要写的时候，我很犯踌躇，觉得不好下笔，也不好谋篇。因为相比较《五月的鲜花》写阎老师，那些事情毕竟有个艺术作为衔接的媒介，便能够一竿子插到底，搅动得一池春水涟漪连成一片。在这里，那些关于高老师的事情，对于我虽然深刻而难忘，却显得有些琐碎，彼此发生的时间跨度很大，如果按照时间顺序写成，很容易写成流水账，显得一般化，最后，形成一篇仅仅对老师感恩怀旧的文章，而没有了味道。这是我们同学一般在写人物时最容易犯的毛病。我想我还是要避免。

最初，我依然想轻车熟路像写《五月的鲜花》一样，寻找一条红线进行串联。我找到了"书架"这条线。读中学的时候，我去过高老师家一趟，看到她家的一个书架，曾经对她说过：以后有钱我一定买一个您这样的书架。后来，我有了工作，用发下来第一个月工资的一半，真的买了一个和高老师一样的书架。而这个书架经过了四十来年，依然保存在我家里。以此来写我对高老师的感情，让那些经过时间跨度那样大的许多事情，有了集中在一起的框架。文章写好了，题目取"和您家一样的书架"。

但是，这篇文章在电脑里放了很久，迟迟没敢拿出去发表。总觉得不大理想。想想原因在于这样书架前后的对比与衔接，多少有些人为的痕迹，作文的"作"的感觉比较明显。而且,这样的写法也不大新鲜。

便总觉得缺少了点儿什么,什么呢?就是文章的一点韵味。好的文章,不能就事论事,就人说人,总要给人留下一点可以回味的东西。我们同学在作文的时候,常常也缺少对这一点有意识的追求和把握。于是,常常容易就事论事,就人说人,往往容易写得过于老实。实在,是没有错的,但过于实,就容易缺乏灵动之气,使得文章少了韵味。这不仅是同学们需要注意的问题,同样也是我在写作过程中注意解决的问题。

一直到有一天,我读孙犁先生的《白洋淀纪事》一书,内有《麦收》一文,写的是抗战期间白洋淀一位叫二梅的女人,带领着一群妇女,为麦收而修路的故事。其中有这样一个段落,修路之前,集合队伍,二梅站在太阳地里,让队伍站在荫凉儿里,然后有一段对荫凉儿的描写:"队伍站得整整齐齐,风吹动树枝筛下的阳光来,在她们的头上衣服上游动,染成各色各样的花。"这一段描写,非常生动,却看似闲笔,因为和修路无关。为什么要在修路之前增添这样一段和修路无关的景物描写呢?显然,是为了描写这些在后方生产的妇女形象的,是为人物服务的,闲笔就不闲了。没有这样一段描写,不妨碍后面修路的事情,有了这样一段描写,却增加了文章的韵味。那种"染成各色各样花的"花荫凉儿,无形之中,为这些战争期间的妇女增添一抹美感,对比残酷的战争,尤其显示出女性格外的柔美,美得坚强。

我立刻想起我的文章中,也有这样的花荫凉儿,就是在食

堂前高老师告诉我可以破例准许我进入图书馆自己选书的时候，高老师就是站在树荫下面的。但是，我一笔带过了，只是急于写她告诉我的好消息了，缺少了孙犁先生的那一段闲笔。也就是说，我注意到文章所需要的"实"的东西，而忽略了文章同样需要有的"虚"的部分，便轻而易举地将这个花荫凉儿丢掉了，没有像孙犁先生一样，敏感地捕捉到它，然后让它为文章服务。

于是，我把文章重新改写了一遍，学习孙犁先生的文章，特别增加了两笔，一处是高老师告诉我消息后："我走后忍不住回头，才发现高老师站在一片花荫凉儿里，阳光从树叶间筛下，跳跃在高老师的身上，闪动着好多颜色的花一样，是那么的漂亮。"一处是结尾："分手时，送高老师进了汽车，一直看着汽车跑远，才忽然想到，忘记告诉高老师了，那个从北大荒回来买的和您家一样的书架，一直没舍得丢掉，还跟着我。很多的记忆，都还紧紧地跟着我，就像影子一样，像校园里树叶洒下了花荫凉儿一样。"

前一处，增加了对花荫凉儿的描写，突出了高老师那天是站在花荫凉儿的，是为高老师人物描写服务的。后一处，再一次提到花荫凉儿，并把文章的落点落在花荫凉儿上，突出对高老师的感情，同时，也使得花荫凉儿成为了一种意象，在文章中前后呼应回环，成为了流动的气脉，让文章多少有了一些可以回味的东西。

显然，这要比原来的文章有些进步，我便把文章的题目也改成了《花荫凉儿》。

附录：

五月的鲜花

阎述诗老师，冬天永远不戴帽子，曾是我们汇文中学的一个颇为引人瞩目的景观。他的头发永远梳理得一丝不乱，似乎冬天的大风也难在他的头发上留下痕迹。

阎述诗是北京市的特级数学教师，这在我们学校数学教研组里，是唯一的。学校里所有的老师，包括我们的校长对他都格外尊重。他只教高三毕业班，非常巧，我上初一的时候，他忽然要求带一个班初一的数学课。可惜，这样的好事没有轮到我们班。不过，他常在阶梯教室给我们初一的学生讲数学课外辅导，谁都可以去听。他这样做，为了我们学生，同时也是为了年轻的老师。他要把数学从初一开始抓起的重要性，用自己的实际行动告诉给我们大家。

我那时并不怎么喜欢数学，但还是到阶梯教室听了他的一次课，是慕名而去的。那一天，阶梯教室里坐满了学生和老师，连走道都挤得水泄不通。上课铃声响的时候，他正好出现在教室门口。他讲课的声音十分动听，像音乐在流淌；板书极其整洁，

一个黑板让他写得井然有序，像布局得当的一幅书法、一盘围棋。他从不擦一个字或符号，写上去了，就像钉上的钉，落下的棋。给我印象最深的是他随手在黑板上画的圆，一笔下来，不用圆规，居然那么圆，让我们这些学生叹为观止，差点儿没叫出声来。

45分钟一节课，当他讲完最后一句话的时候，下课的铃声正好清脆地响起，真是料"时"如神。下课以后，同学们围在黑板前啧啧赞叹。阎老师的板书安排得错落有致，从未擦过一笔、从未涂过一下的黑板，满满堂堂，又干干净净，简直像是精心编织的一幅图案。同学们都舍不得擦掉。

是的，那简直是精美的艺术品。我还未见过一个老师能够做到这样。阎老师并不是有意这样做，却是已经形成了习惯。长大以后，我回母校见过阎老师的备课笔记本，虽然他的数学课教了那么多年，早已驾轻就熟，但每一个笔记本、每一课的内容，他写得依然那样一丝不苟，像他的板书一样，不涂改一笔一画，哪怕是一个圆、一个三角形，都用圆规和三角板画得规规矩矩，而且每一页都布置得整齐有序，整个一个笔记本像一本印刷精良的书。阎老师是把数学课当成艺术对待的，他把数学课化为了艺术。只是刚上学的时候，我不知道阎老师其实就是一位艺术家。

一直到阎老师逝世之后，学校办了一期纪念阎老师的板报，在板报上我见到诗人光未然先生写来的悼念信，信中提起那首著名的抗战歌曲《五月的鲜花》，方才知道是阎老师作的曲，原来他如此学艺广泛而精深。想起阎老师的数学课，便不再奇怪，他既是一位数学家,又是一位音乐家,他将音乐形象的音符和旋律,与数学的符号和公式,那样神奇地结合起来。他拥有一片大海,给予我们的才如此滋润淋漓。

那一年,是1963年,我上初三,阎述诗老师才58岁,太早地离开了我们。他是患肝病离开我们的。肝病不是肝癌,并不是不可以治的。如果他不坚持在课堂上,早一些去医院看病,他不至于这么早走的。他就像唱着他的《五月的鲜花》的战士,不愿离开自己战斗的岗位一样,不愿离开课堂。从那一年之后,我再唱起这首歌:"五月的鲜花,开遍了原野,鲜花掩盖着志士的鲜血……"便想起阎老师。

就是从那时起,我对阎述诗老师有了进一步的了解。以他的才华学识,他本可以不当一名寒酸的中学老师。艺术之路和仕途之径,都曾为他敞开。1942年,日寇铁蹄践踏北平,日本教官接管了学校后曾让他出来做官,他却愤然离校出走,开一家小照相馆艰难度日谋生。解放初期,他的照相馆已经小有规模,凭他的艺术才华,他的照相水平远近颇有名气,收入自是不错。但是,这时母校请他回来教书,他二话没说,毅然放弃商海赚钱生涯,重返校园再执教鞭。一官一商,他都是那样爽快挥手告别,唯有放弃不下的是教师生涯。这并不是所有知识分子都能做得到的,人生在世,诱惑良多,无处不在,——考验着人的灵魂和良知。

我对阎述诗老师的人品和学品愈发敬重。据说,当初学校请他回校教书,校长月薪90元,却经市政府特批予他月薪120元,实在是得有其所,充分体现对知识的尊重。现在想想,即使今天

也不是那么容易做到的。

世上有许多东西是无法用金钱衡量的。阎述诗老师一生与世无争，淡泊名利；白日教数学，晚间听音乐，手指在黑板与钢琴上均是黑白之间，相互弹奏；两相契合，阴阳互补，物我两忘，陶然自乐。这在物欲横泛之时，媚世苟合、曲宦巧学、操守难持、趋避易变盛行，阎述诗老师守住艺术家和教育家一颗清静透彻之心，对我们今日实在是一面醒目明澈的镜子。

诗人早就说过，有的人活着，他却死了；有的人死了，他却活着。想想抗战胜利都50多年，《五月的鲜花》唱了整整有半个多世纪，却依然在整个中国的土地上回荡。岁月最为无情而公正，半个多世纪呀，会有多少歌、多少人被人们无情地遗忘！但是，阎述诗老师和他的《五月的鲜花》仍被人们记起。这就足够了，他死了。他却永远活着！

我在母校纪念阎述诗老师的会上，见到他的女儿，她是著名演员王铁成的夫人。她告诉我她的女儿至今还保留着30多年前外公临终前吐出的最后一口鲜血——洁白的棉花上托着一块玛瑙红的血迹。

从血管里流出的是血，与从自来水管里流出的水，终究是不同的人生、不同的历史。

那块血迹永远不会褪色。那是五月的鲜花，开遍在我们的心上。

花荫凉儿

已经有二十多年没有见到高挥老师了，高老师一把握住我的手，拉我坐在她的身边。今年就是八十岁的人了，腿脚利索，还显得那么有生气。高老师是我在汇文中学读书时的老师，那是五十年前的事情了，想想，那时她三十岁上下，长得漂亮，又会拉一手小提琴，还在学校的舞台上演出过话剧。好长一段时间里，我偷偷地喜欢多才多艺的她，觉得她长得特别像我的姐姐，连说话的声音都像。

后来听说，她是志愿军文工团的团员，从朝鲜战场上回来，部队动员她嫁给首长，她没有同意，只好复员。颠沛流离之后考学，毕业不久，到了我们学校，开始教地理，后来负责图书馆。

我就是在高老师负责图书馆的时候，和她逐渐熟悉起来的。那是1963年的秋天，我读高一，因为初三的一篇作文在北京市获奖，校长对她说可以破例准许我进入图书馆自己选书。那一天的午饭时间，我刚要进食堂，看见高老师站在食堂旁的树下，向我招招手，我走过去，她对我说起了这件事，说你什么时候去图书馆都行。我的心里涌出一种说不出的感动，口拙，一时又说不出什么。她摆摆手对我说，快吃饭去吧。我走后忍不住回头，才发现高老师站在一片花荫凉儿里，阳光从树叶间筛下，跳跃在高老师的身上，闪动着好多颜色的花一样，是那么的漂亮。

图书馆在学校五楼,由于学校有百年历史,藏书很多,有不少解放以前的书籍,由于没有整理,都尘埋网封在最里面的一间大屋子里。高老师帮我打开屋门的锁,让我进去随便挑。那是我有生以来第一次叹为观止见到那么多的书,山一般堆满屋顶,散发着霉味和潮气,让人觉得远离尘世,与世隔绝,像是进入了深山宝窟。我沉浸在那书山里,常常忘记了时间,常常是高老师在我的身后微笑着打开了电灯,我才知道到了该下班的时候了。

久别重逢,逝去的日子,一下子迅速地回流到眼前。我对高老师说,您对我有恩,没有您,也许我不会走上写作的道路。高老师摆摆手说不能这么讲,然后对在座的其他几位老师说,我去过肖复兴家一次,看见地上垫两块砖,上面搭一块木板,他的书都放在那里,心里非常感动,回家就对我女儿说。后来,肖复兴到我家里看见有一个书架,其实是最简单不过的一个矮矮的书架,他对我说,以后有钱我一定买一个您这样的书架。这给我印象很深。

我忽然想起了这样一件事,为了我破例可以进图书馆挑书,高老师曾经和一个同学吵过一架,那个同学非也要进图书馆自己挑书,她不让,同学气哼哼指着我说为什么他就可以进去。为此,"文化大革命"中她被贴了大字报,说是培养修正主义的苗子。我私下猜想,为什么高老师默默忍受了,大概她去我家的那一次,是一个感性而重要的原因。秉承着孔老夫子有教无类的理念,她一直同情我,帮助我。如今,这样的老师太少了;如今,不少老师是向学生索取,偏偏要通过学生寻找那些有钱有权的家长，明目张胆地增添自己的收入或关系网的份额。

我对高老师说，我从北大荒插队回来，第一个月领取了工资，先在前门大街的家具店买了一个您家那样的书架，22元钱，那时我的工资才42元半。高老师对其他老师夸奖我说，爱书的孩子，到什么时候都爱书。

我又对高老师说，"文化大革命"中，虽然挨了批判，但图书馆的钥匙还在您的手里，有一次在校园的甬道上，您扬扬手里的钥匙，问我想看什么书，可以偷偷进图书馆帮我找。好长一段时间，我都是把想看的书目写在纸上交给您，您帮我把书找到，包在一张报纸里，放在学校传达室王大爷那里，我取后看完再包上报纸放回传达室。这样像地下工作者传递情报一样借书的日子，一直到我去北大荒。那是我看书看得最多的日子。《罗亭》《偷东西的喜鹊》《三家评注李长吉》……好几本书，都没有还您，让我带到北大荒去了。高老师说，没还就对了，还了也都烧了。在场的几位老师都沉默了下来。那时，我们学校的书，成车成车拉到东单体育场焚毁，那里的大火曾经燃烧着我学生时代最残酷的记忆。

我庆幸中学读书时遇见了高老师。虽然多年未见，但心里一直把她当作自己的一位大姐（她比我姐姐大一岁）。想起她，总会有一种格外亲近的感觉。一个人的一生，萍水相逢中能够碰到这样的人，即使不多，也足够点石成金。分手时，送高老师进了汽车，一直看着汽车跑远，才忽然想到，忘记告诉高老师了，那个从北大荒回来买的和您家一样的书架，一直没舍得丢掉，还跟

着我。很多的记忆，都还紧紧地跟着我，就像影子一样，像校园里树叶洒下了花荫凉儿一样。

一个人怎么写（二）

—— 一个结点上的亮相

先举几个例子——

泰戈尔的《喀布尔人》，写的是一位远离家乡的卖货郎，思念小女儿。泰戈尔是如何表达，又是如何写出这样一个人物的呢？最后依托的是那张印有小女儿小小手印的纸。这张纸一直藏在他的身上，即使是坐牢也没有把它弄坏弄丢。文章前面写了很多卖货郎的很多事情，都像一个运动员从远处开始跑步，是在助跑，是在积蓄力量，为了这最后的一跃，展现给读者这张纸，从而打动读者，并让这位父亲的形象树立了起来。

皮兰德娄的《西西里柠檬》，写的是一位来自家乡西西里的小伙子，风尘仆仆地来到城里看望他的恋人，面对的却是已经把他遗忘而移情别恋的恋人。如何展现这样两个年轻人截然不同的形象呢？靠的是小伙子带来的家乡的西西里柠檬。小伙子离开后，那些柠檬留在了那里。无疑，柠檬成为了一种感情的象征物，也成了两个人形象的延伸。

老舍的《热包子》，同样写的是一对年轻人，不过不是恋人的关系，而是已经升级为夫妻。摩擦之后，妻子离家出走半

年，丈夫盼望着她归来，妻子归来的那一刻，他跑出家门，旁人问他干吗去，他先是喜欢得说不出话来，然后趴在人家的耳边说了句："我给她买热包子去。"他把个"热"字说得分外真切。买热包子的这个举动，让这个丈夫喜悦的心情和憨厚的形象凸显。

　　孙犁的《红棉袄》，写的是一个十六岁的农村姑娘。抗战期间，患有打摆子重病的八路军战士，来到她家。家里只有她一个人，她该怎样面对这突然到来的一切，去照顾瑟瑟发抖、不住呻吟、身子缩拢得越来越小的战士？她脱下自己在这一天早晨才穿上的红棉袄，给战士盖上。如果没有这件红棉袄，光是说她怎么样烧炕取暖，怎么样烧水做饭，怎么样说着关心的话语，还能够有这件红棉袄更突出小姑娘的形象吗？

　　之所以先举出这样四个例子，是想说明写好一个人物，可能会有许多种方法，但更好更有力量也更容易学的，莫过于这四篇文章中所用的一种共同的方法，即集中力量写好和人物密切相关的最关键的一件事。

　　在这里，有两点需要格外注意：

　　第一，这件事，一定不要那么复杂，那么琐碎，要有形象一些的东西作为依托。就像这四篇文章中的那张印有小女儿小小手印的纸、那几个被遗忘的西西里柠檬、那几个热包子和那件新穿在身上的红棉袄。

　　第二，这样富有形象感的事物，一定是在文章最后和人物一起干净利落地出现。它们一出现，文章就戛然而止。

这就像京戏里人物的亮相。舞台上的追光灯聚光在人物的身上，人物所有的光彩凝聚在这一刻之中，给人们留下的印象就深，而且，是定格在那一瞬间。

在关于人物的写作中，我喜欢这样的写法，虽然只是最后的一个亮相，却有着举足轻重的作用，起到事半功倍的效果，所谓动人春色不须多，秤砣虽小压千斤。因此，我常常注意学习这样的方法，看看别人是怎么样运用这样的方法的。有时候，学习是非常重要的，尤其是同学们在最初的写作过程中，有榜样在前，有红模子可描，是非常必要的。写作，害怕想当然，害怕自以为是。

下面，再来看我的文章《大年初一的饺子》和《清明忆》，聪明的同学就可以看出，其实，这就是我学习别人方法的结果，所谓变戏法瞒不过筛锣的，其中的秘密和奥妙，大家就会清爽地晓得了。

《大年初一的饺子》，写的是一位北大荒的木匠，他对我的关爱，表现在最后那些冻饺子上。文章前面所写的一切，包括风雪交加呀，四十里地的天寒地冻呀，他过七星河摔了一跤呀，都是为了最后的饺子的出现。饺子的亮相，就是人物的光彩夺目的亮相。

《清明忆》，写的是我父亲。他对我的感情，表现在最后他帮我重新买回来的那四本书上。同样，文章前面所写的一切，包括我到书店里对那四本书的爱不释手呀，偷偷拿走姐姐寄来的5元钱去买这四本书呀，父亲打我，我把那四本书退掉

呀，等等，都是为了最后这四本书的再现。书的再一次亮相，就是父亲情深意切的亮相。

同学们可以明显看得出来，我的这两篇文章中都有着前辈们文章的影子。饺子和书，最后的亮相，和泰戈尔的《喀布尔人》中那张印有小女儿小小手印的纸，和皮兰德娄的《西西里柠檬》中那几个被遗忘的柠檬，和老舍的《热包子》里那几个热包子，和孙犁《红棉袄》里那件新穿在身上的红棉袄，其写法和作用，是一样的，都是为了让人物最后集中在一个结点上，有一个漂亮而有力的亮相，以此烘托人物的形象。

我觉得这是写人物的一个不错的方法。

我们都需要这样有的放矢的学习。

附录：

大年初一的饺子

1971年，我在北大荒。那时候，还叫生产建设兵团。我被临时调到6师师部宣传队创作节目。春节前，宣传队放假，队里的知青都早早回各自的团或连里过年去了。我因一点事情耽误了，想在年三十晚上吃年夜饭前赶回我所在的大兴岛的二连，不耽误大年夜的饺子就成了。我在那里已经三年了，乘同一列火车来的

同学都在那里，那里的老乡也都熟，便把那里当成自己的家。好在那里离师部只有四十里，不远，过七星河就是，乘公交车一个多小时就到，便胸有成竹。

谁想到年三十天没亮就把我冻醒了，开始以为偌大的宿舍因为就我一人，屋子太旷，要不就是炉子灭了的缘故。起来一看，炉子里的火烧得挺好，望窗外一瞧，才知道大雪封门，刮起了大烟泡，漫天皆白，难怪再旺的炉火也抵挡不住寒气逼人。心想糟了，这么冷的天，这么大的雪，去大兴岛的车还能开吗？但是，还是抱着一线希望去了汽车站。那里的人抱着火炉子正在喝小酒，头也没抬，说："还惦着开车呢？看看，水箱都冻成冰砣了！"

我的心一下子也冻成了冰砣。天远地遥，天寒地冻，这个年只好我一人孤零零过了。说心里话，来北大荒三年了，虽然艰苦，但每一个年都是和同学、老乡一起过的，便也都是乐呵呵的，暂时忘掉了思家之苦。现在，就要我独自过年了，漫天飞雪，天又是如此寒冷，而且师部的食堂都关了张，大师傅们都早早回家过年了，连商店和小卖部都已经关门，命中注定，别说年夜饭没有了，就是想买个罐头都不行，只好饿肚子了。

大烟泡从年三十刮到了年初一早晨，也没见有稍微停一下的意思。老天爷自得其乐在玩自以为挺好玩的游戏，哪里顾得上我？我一宿没有睡好觉，大年初一，早早就醒了，望着窗外依然寒风呼啸，大雪纷飞，百无聊赖，肚子又空，想家的感觉袭上心头，异常地感伤起来。我一直偎在被窝里，迟迟地不肯起来，睁

着眼,或闭着眼,胡思乱想。

大约九十点钟的时候,忽然听到咚咚的敲门声,然后是大声呼叫我的名字的声音。由于大烟泡刮得很凶,那声音被撕成了碎片,显得有些断断续续,像是在梦中,不那么真实。但仔细听,那确实是敲门声和叫我名字的声音。我非常奇怪,会是谁呢?在师部,我仅仅认识的宣传队里的人一个个都早走了,回去过年了,其他的,我没有一个认识的人呀!谁会在大年初一的上午来给我拜年呢?

满怀狐疑,我披上棉大衣,跳下了热乎乎的暖炕,跑到门口,掀开厚厚的棉门帘,打开了门。吓了我一跳,站在大门口的人,浑身是厚厚的雪,简直是个雪人。我根本没有认出他来。等他走进屋来,摘下大狗皮帽子,抖落下一身的雪,我才看清是我们二连的木匠老赵。天呀,他是怎么来的?这么冷的天,这么大的雪,莫非他是从天而降不成?

我肯定是睁大了一双惊奇的眼睛,瞪得他笑了,对我说:"赶紧给我倒碗开水喝,冻得我骨头缝里都是风了!"我赶紧从暖水瓶里给他倒了一碗开水,这是我这里唯一可以吃喝的东西了。他先用双手捂着搪瓷缸子,把手稍稍捂热,开水也就渐渐变温了,他几乎扬着脖子一饮而尽。我赶紧去拿洗脸盆,想给他倒热水洗把脸,暖和一下。他拦住了我:"这时候可不敢拿热水洗脸!你先别忙!"说着,他蹲下来,捡起点儿地上刚刚被抖落的残雪,使劲地擦手擦脸,直到把手和脸擦红擦热,他说:"行啦,没事了。你去拿个盆来!"我这才发现,他带来了一个大饭盒，打开一看，是饺子，个个冻成了邦邦硬的砣砣。他笑着说道："可惜过七星河的时候，雪滑跌了一跤，饭盒撒了，捡了半天，饺子还是少了好多，都掉进雪坑里了。凑合吃吧！"

我立刻愣在那儿，望着那一堆饺子，半天没说出话来。这些饺子就不老少了，也够我吃几顿了，他可是真没少带呀。我知道，他是见我年三十没有回队，专门来给我送饺子来的。如果是平时，这也许算不上什么，可这是什么天气呀！他得多早就要起身，没有车，四十里的路，他得一步步地跋涉在没膝深的雪窝里，他得一步步走过冰滑雪滑的七星河呀。他说得轻巧，过河时候摔了一跤，我却知道他是条老寒腿，并不那么利落呀。我很难想象，一个拖着老寒腿的人，冒着那么大的风雪，一个人走过七星河，该是一种什么样的情景。以至事过多年之后，一想起那样的情景，都会让我无法不感动，总觉得是一幅北大荒最动人的木刻画。

真的，我过过那么多个春节，吃过那么多次饺子，没有过过那样的一个春节，没有吃过那样的一次饺子。当然，也再没有遇到过那样冷那样大的风雪。

我永远记得，那一天，没有锅煮饺子，我和老赵把一个洗脸盆刷干净，用那只盆底是朵大大的牡丹花的洗脸盆煮的饺子。饺子煮熟了，漂在滚沸的水面上，那一只只饺子像一尾尾银色的小鱼，被盛开的牡丹花托起。

清　明　忆

　　好多童年的事情，过去了那么多年，却依然恍若眼前，连一些细枝末节，都记得特别清楚。记得父亲为我买的第一支笛子，是1角2分钱；买的第一本《少年文艺》，是1角7分钱；买的第一把京胡，是2元2角钱……那时候，家里生活不富裕，一家五口全靠父亲微薄的薪水维持，为了给我买这些东西，父亲掏出这些钱来，是咬着牙的。因为那时买一斤棒子面才几分钱，花这么多钱买这些东西，特别是花两块多钱买一把胡琴，显得有些奢侈。

　　读初二的那一年，我爱上了读书，特别是从同学那里借了一本《千家诗》之后，我对古诗更是着迷。那时候，我家住在前门，离大栅栏不远，大栅栏路北有一家挺大的新华书店，我常常在放学之后到那里看书。多次的翻看，从那书架上琳琅满目的唐诗宋词里，我看中其中四本，最为心仪，总是爱不释手，拿起来，又放下，恋恋不舍。一本是复旦大学中文系编选的《李白诗选》，一本是冯至编选的《杜甫诗选》，一本是游国恩编选的《陆游诗选》，一本是胡云翼编选的《宋词选》。

　　每一次，翻完这四本书后，总要忍不住看看书后面的定价，《李白诗选》定价是1元5分，《杜甫诗选》定价是7角5分，《陆游诗选》定价是8角，《宋词选》定价是1元3角。四本书加起来，总共要小5元钱呢。那时候的5元钱，正好是我上学在学校里的一个月午饭的饭费。每一次看完书后面的定价，心里都隐隐地叹口气，这么多钱，和父亲要，父亲不会答应的。所以，每次翻完书，心里都对自己说，算了，不买了，到学校借吧。可是，每次到新华书店里来，总忍不住还要踮着脚尖，把这四本书从架上拿下来，总忍不住翻完书后还要看看后面的定价，似乎希望这一次看到的定价，会比上一次看到的要便宜了似的。

那时候，姐姐为了帮助父亲分担家里的负担，不到18岁就去了包头，到正在新建的京包铁路线上工作，从她的工资里拿出大部分，开始每月给家里寄20元钱。那一天放学之后，母亲刚刚从邮局里取回姐姐寄来的20元钱，我清清楚楚地看见母亲把那4张5元钱的票子，放进了我家放"金银细软"的小箱子里。母亲出去之后，我立刻打开小箱子，从那4张票子里抽出一张，揣进衣兜，飞也似的跑出家门，跑到大栅栏，跑进新华书店，不由分说地，几乎是比售货员还要业务熟练地从书架上抽出那四本书，交到柜台上，然后从衣兜里掏出那张5元钱的票子，骄傲地买下了那四本书。终于，李白、杜甫和陆游，还有宋代那么多有名的词人，都属于我了，可以天天陪伴我一起吟风弄月，说山论河了。

回到家，我放下那四本书，心里非常高兴，就跑出去到胡同里和小伙伴们玩了。黄昏的时候，看见刚下班的父亲一脸铁青地向我走来，然后把我领回家，回到家，把我摁在床板上，用鞋底子打了我屁股一顿。我没有反抗，没有哭，什么话也没有说，因为我一眼看到了床头上放着那四本书，知道父亲一定知道了小箱子里少了一张5元钱的票子是干什么去了。我知道，是我错了，

我不该心血来潮私自拿钱去买书，5元钱对于一个贫寒的家的日子来说是笔不小的数目。

挨完打后，我没有吃饭，拿着那四本书，跑回大栅栏的新华书店，好说歹说，求人家退了书。我把拿回来的钱放在父亲的面前，父亲抬头看了我一眼，什么话也没有说。

第二天晚上，父亲回来晚了，天完全黑了下来。母亲已经把饭菜盛好，放在桌子上，我们一家正等他吃饭。父亲坐在饭桌前，没有先端饭碗，而是从他的破提包里拿出了几本书，我一眼就看见，就是那四本书，《李白诗选》《杜甫诗选》《陆游诗选》和《宋词选》。父亲对我说："爱看书是好事，我不是不让你买书，是不让你私自拿家里的钱。"

五十年的光阴过去了，我还记得父亲讲过的这句话和讲这句话的样子。那四本书，跟随我从北京到北大荒，又从北大荒到北京，几经颠簸，几经搬家，一直都还在我的身旁。大栅栏里的那家新华书店，奇迹般的也还在那里。一切都好像还和童年时一样，只是父亲已经去世38年了。

一个景怎么写（一）

—— 对应法

对比写事和写人，写景更难。起码在我看来，写景更容易落入俗套。因为很多景，特别是那些有名的景，和写事写人不一样，那些我们自己经历的事和接触的人，毕竟属于我们自己，别人无法重复。而那些景，客观存在那里不知多少年月，越是有名的景，就越是早已经不知被多少人写过、写滥。你觉得自己写得不错，却很可能是在嚼别人嚼过的剩馍。

写景还有一个难处，在于很容易被旅游手册上面的介绍带入沟里。如今网上关于景的介绍和博文就更多，键盘一点，轻而易举，却也容易陈陈相因，写成旅游手册的翻版，到处都是那种到此一游随意一写而自鸣得意的博文。

警惕这样两点，是写好关于景的文章的前提。所以，一般在写景的文章之前，我都会很警惕，不敢轻易下笔。

这里介绍一种方法，可以供初学写作的同学们参考。那便是对应法。所谓对应法，指的是不要只写景的一处，那样很难写好，写活，写新，而是要找到那不同景中彼此相联系、相呼应、相对应的东西，这样相互照应，帮衬着写，一般会容易事

半功倍些。所谓俗话说的那样，一个好汉三个帮，一个帐篷三个桩。对于写景，可以写三个对应，但最好是找到两个对应即可，那样更方便来写，多了，容易拌蒜，自己给自己添乱。

比如《双瀑记》，从题目就可以看出，是写两条瀑布的对应。一条是德天瀑布，一条是沙屯叠瀑。它们都在广西的德天，彼此连带一起的，属于同一方山水。德天还有其他的好风景，但都删去不写了，只写这两条瀑布，这样，容易集中，也方便对应，关键是要找出它们相对应的东西来。这就需要发现，在比较中寻找其能够对应的密码。同学们一般愿意看到一处就写，或者参考旅游介绍就写，有一处景点写一处，面面俱到，不仔细比较、分析、感受，往往写得快，却也容易写得稀松平常，司空见惯。

德天瀑布，是横跨中国和越南的两道瀑布，枯水季节，它们彼此会分离；水大的时候，两条瀑布合二为一。沙屯叠瀑，是一道因山势起伏而形成的七叠瀑布。显然，它们不大一样。如果是完全一模一样，也就不足一观，不足一写了。不一样，好找，要找的是它们相互能够呼应和对应的东西来。这个对应的东西，在我看来，就是德天瀑布因山势高拔跌落下来显得气势非凡，而沙屯叠瀑则因山势的起伏形成一道道，便显得柔和了许多。这种对应，便是一个男性化，一个女性化，所谓的刚柔相济。

在这里，我不过是把它们拟人化了。于是，便有了文章最后说的话："如果说德天瀑布充满阳刚之气，这里的七叠彩瀑则显得美人缥缈，一枝梨花春带雨。德天瀑布吹奏着的是一支铜管乐，沙屯叠瀑演奏的是一首抒情诗。"也就是说，找到它们相互关联和对应的各自特点，下笔就容易一些，也就容易和别人所写的拉开了一点距离。

在《桂湖吟》中，则是找到桂湖公园里的紫藤和桂花，作为相互对应的点，而舍弃了荷花等景。原因便在于荷花等景，在桂湖虽然也很有名，但相比较不如前两者能够更容易对应好写。这个对应的点，当然不同人会有不同的找法，我找的是它们和桂湖的主人杨升庵的对应，也就是说，同写德天瀑布和沙屯叠瀑不同的是，不再是以景对景的对应，而是以景对人的对应。对应法，应该是灵活的，变化的，因地制宜的，而不是固定，以不变应万变的。

杨升庵直言犯谏、刚正不阿的性格与品质，便是我找到的他与紫藤和桂花对应的焦点。除了杨升庵与紫藤和桂花的对应外，我还找到第三者与之的对应，增强对应的效果。

所以，在写紫藤的时候，我写到了徐文长的紫藤和这里的紫藤的不同，因为徐文长没有杨升庵那样的骨气，也就没有桂湖紫藤的壮观。同时我引用了美国生物学家迈克尔·波伦的话，为的是进一步加强这种景与人和性格与命运的对应。这样的联想与引用的介入，就会跳出如写德天瀑布和沙屯叠瀑那样纯粹写景的方法，使得文章的写法有了变化，也容易写一些。在这里，徐文长和迈克尔·波伦，就是我请来的第三者，以此加强和杨升庵的对应。

同样，在写桂花的时候，也是写桂花和杨升庵性格相对应的东西。突出写的是桂花与众不同浓郁的花香："要香就搅得周天香透，绝不做遮遮掩掩，不屑于扭扭捏捏的小家子气和故作姿态的含蓄状，是花中的烈性子，迸发如潮，按捺不住，如烈酒。这一点，暗合了杨升庵的心性与品性。"可以设想，如果只是单纯写景，即使把桂花写得再惟妙惟肖，也容易一般化，因为单一写桂花的，不知已经有多少人，多少文。

有了这样的对应，文章就有了骨头，自身便可以生长出肌肉。桂花和紫藤彼此并不相连，但和杨升庵这个人有了关联，文章就好结尾了："一座园林，有这样一种紫藤，有这样的满园桂香，有这样一个硬汉子的杨升庵，也实属难得。要颜色有颜色，是那种高贵的紫色；要香气有香气，是那种浓烈的天香；要人物有人物，是那种谭叫天式高亢入云的正派老生。"紫藤、桂花和杨升庵，三位一体，融合为一，有了统一的感情与生命。

无论写任何一处的景，其实都是在写人，写观景的人对景的理解、认知和发现、感悟。中国传统有一句老话，便是天人合一，这应该是写景的最高标准要求。如果说写德天瀑布和沙屯叠瀑，是写景与人的那种刚柔相济、阴阳和谐的境界，那么，写桂湖的紫藤和桂花，则是写景与人的那种性格和命运。前者，属于现代的抒情；后者，属于古典中的比兴。

附录：

双 瀑 记

　　嘹亮得如同法国圆号，从悠悠的云层中跌落在你面前的，花开一般绽放出层层的涟漪，飘逸而落湿润在你面前的，就是德天瀑布。它的后面便是越南的土地，它的右边还有一条板约瀑布，也属于越南了。

　　夏季，德天瀑布和板约瀑布会连在一起，是一道最为奇特的景观。它们浩浩荡荡地飞奔而下，会像是凭空而降的一支巨大的排箫，千孔万孔地喷涌出冲天的水柱，奏响轰天的交响，在四周千山万壑间响彻激越的回音，一派天籁，无限风情。它们你追我赶地、义无反顾地投奔在烈阳蓝天之下，迸碎出万千朵如雪的浪花，腾越起氤氲如梦的雾岚。

　　山和山是永远不可能走到一起的，但水哪怕隔开得再遥远，却是可能会走到一起的。眼前的德天瀑布和板约瀑布不就是这样吗？在冬天枯水季节，它们会分离，但是在夏天到来的时候，就迫不及待地又走到一起来了。所以，说它们是跨国瀑布（除了尼亚加拉大瀑布，它们是世界第二跨国瀑布）当然可以，说它们像是一对情人瀑布，不也分外恰当吗？

　　它们飞奔而下流淌进脚下的深潭里，然后顺着山势流成一条蜿蜒的归春河。阳光下，那一泓潭水碧绿如同一块凝结的祖母绿

宝石，娴静得和头顶龙吟虎啸的瀑布呈鲜明的对比，仿佛是一对情人瀑布出生的一个和它们性格截然不同的孩子。

看了德天瀑布，一定要再看看沙屯叠瀑。两处相隔不远，一条归春河紧紧连接着它们。

层层叠叠，借山势将一道瀑布分割成七叠，便把一道水晶帘幕般的瀑布抖落成了新的模样，仿佛把一匹绸缎重新织成了一道七天云锦。成阶梯状的瀑布，减缓了飞流直下的气壮山河，却多了节奏舒缓的绕指柔肠，犹如一位清秀的新娘拖着曳地的洁白长纱裙，响着带水声湿润的琶音，顺着楼梯一阶阶款款走了下来，将身后的裙裾化作了沙屯叠瀑飞珠跳玉的奇观。两岸群峰竞秀，仿佛是无数艳羡而又无可奈何的失落者，只能够眼瞅着这位仙女一般神奇可爱的新娘花落旁家，远走他乡，一路叮咚响着快乐，迤逦而去。

雨过天晴时，沙屯叠瀑是另一幅奇观。山泉深处水涨情溢，两岸山峰含泪带啼，还有那山上的老树古藤，山间的云雾山岚，大自然搭起如此神奇的舞台，让一道七叠瀑布在这样的背景中蜿蜒次第而出。宛如一条轻歌曼舞的清纱白练，穿云破雾而来，仿佛从天而降的下凡仙女，飘荡万绿丛中，一下子会让这里的风景显得儿女情长起来。

同为这一方山水里的瀑布，如果说德天瀑布充满阳刚之气，这里的七叠彩瀑则显得美人缥缈，一枝梨花春带雨。德天瀑布吹奏着的是一支铜管乐，沙屯叠瀑演奏的是一首抒情诗。

它们在广西边陲，离南宁140公里，远是远些，但值得一看。如果想到不多年前这里还曾经布满地雷，战争的影子笼罩在这里；如果再凑巧能买到一顶当年的绿色钢盔，不要那种仿制的，要带有伤痕或弹洞的；眼前这两道瀑布便洇染上了别样的色彩。

桂 湖 吟

成都之北新都的桂湖属明朝，在四川所有湖中面积最大，号称"川西第一湖"。相传因杨升庵年轻时在这里的湖边遍植桂花树而得名，又有说桂湖是杨升庵的读书处，也有人说是他的故居。当然，这样的传说，本不必较真。当年，湖是官湖，并不是杨家的私家花园，杨升庵中第入仕之前，怎么可以有权跑进湖中遍植桂花树？他家那时候住在城里的状元巷（这个名字也是因为杨升庵中了状元后改的），离着湖还有一段距离，他可以跑到湖边来玩，也可以到这里读书，怎么可以绕湖沿堤种植一圈桂花树？

那天，参观桂湖，我将这疑问抛给年轻的解说员，她听完不置可否，只是咯咯地笑，我们大家也都笑了起来。其实，任何传说都表达着百姓心中对历史对人物的评判尺度，是人们代代口口相传中渗透进来的感情。杨升庵是四川是成都更是新都人的骄傲。历史中，四川仅出过三个状元：宋代的冯时行、明代的杨升庵、清代的骆成骧。自然，杨升庵值得人们为之骄傲。杨升庵不

仅成为明代著名的文学家，在京为官时还刚正不阿，因对明武宗、世宗两代皇帝直言犯谏，而遭受贬黜，乃至发配充军，最后客死他乡，如此颠沛流离的命运，自然更会博得人们的同情和敬重。这样两重原因，桂湖归属于杨升庵名下，并让他植桂花树于满园之中，便可以理解了。桂湖是人们感情的外化，桂子飘香，是杨升庵灵魂或精神的一种飘逸，四季轮回，往返于人间和我们的心中。

桂湖，最值得看的，其实不是湖，而是春天里大门口的紫藤、夏天里湖中的荷花，和秋天里满园的桂花。荷花哪里都有，桂湖的荷花，赶不上北京北海和白洋淀里荷花的声势浩大，但桂湖里的紫藤和桂花却是别处哪里也比不了的。

那两架紫藤（有人说象征着杨升庵和他坚贞的妻子黄娥，当然是比附，是人们美好的心愿），左拥右抱，纵横交错，长达近百米，覆盖面积四百余平方米，春天的时候，绿叶如盖，紫藤花如蝶飞舞，更似紫瀑倾泻，紫龙腾空，是园中最为触目惊心的景象。在全国所有的园林中，我从未见过这样巨大的古藤，称之为紫藤中巨无霸，应该是当之无愧的。同为明朝的古藤，与杨升庵、解缙并称"明代三大才子"的徐渭徐文长的绍兴老宅里，他亲手种植的那架古藤，也难与之比抵。漫不要说徐渭没有杨升庵那样的骨气，投降在严嵩严党门下当走狗，而后又翻云覆雨，甚至连自己的妻子都杀了，就是古藤本身也难敌桂湖这样铺天盖地的壮观。或许，花品里有人品，便忍不住想起美国生物学家迈克尔·波伦说过的："花的背后有一个帝国价值的历史，花的形状和颜色以及香气,它的那些基因,都承载着人们在时间长河中的观念和欲望的反映。"他称郁金香、百合、兰花是植物界里的莎士比亚、弥尔顿和托尔斯泰。那么,桂湖里的紫藤就应该是植物界里的泽畔长吟的屈原,起码也是和杨升庵命运相似的苏东坡,或是路谪八千的韩愈吧?

秋天来桂湖,正赶上桂花盛放。仿佛赶上了一场新嫁娘隆重的婚礼,花香馥郁,如同婚轿和贺喜的人群,从入门处开始,一直逶迤着,拥挤着,摩肩接踵,水流一样,弥散到园子里四面八方的角角落落。举目之处,身临之处,向往之处,处处都是桂花之香。金桂、银桂和四季桂,仿佛小姑娘、少妇和老夫人,齐齐崭崭地都跑进园中看新娘,个个裙袂叮当,衣襟带香,沾惹得空气中都是散不去的香味。我还从来没有闻过这样浓郁的花香,几近醉人。同别的花香相比,桂花的香味属于浓郁,要香就搅得周天香透,绝不做遮遮掩掩,不屑于扭扭捏捏的小家子气和故作姿态的含蓄状,是花中的烈性子,迸发如潮,按捺不住,如烈酒。这一点,暗合了杨升庵的心性与品性。

想想,一座园林,有这样一种紫藤,有这样的满园桂香,有这样一个硬汉子的杨升庵,也实属难得。要颜色有颜色,是那种高贵的紫色;要香气有香气,是那种浓烈的天香;要人物有人物,是那种谭叫天式高亢入云的正派老生。

一个景怎么写（二）

—— 对比法

景的描写还有一种方法，是对比法。也就是说，一处的景，如果不大好写，可以拉来另外一处景，对比来写。这另外的一处景，最好和它是一样的，比如，同样是山，同样是水，同样是花园，等等，只不过是在不同的地方。如果完全不一样，比如，拿来山和水对比，或花园和楼台对比，也不是不可以，写得好的话，很可能写出一番新意，但对于一般人而言，会比较麻烦，因为它们的属性不一样，生拉硬拽，不好对比，便不那么好写。

初学写作的同学们，看到一处的景，或者看到写景的一个题目，容易就地掘井，死抠在这一处景，围绕着一个螺蛳壳里做文章，最重视的是描写景的词汇。很多同学曾经对我说，写景嘛，就是看谁用词用得多，用得漂亮。当然，这也不是不可以，写得细，写得深，写得透，词汇用得美，照样可以写出好文章。不过，这只是文章的一种做法。修辞方法，不是决定写景好坏的关键，词汇只是文章的一件漂亮的外衣，解决不了文章内在质地的问题。

如果想别开蹊径，拉来另一处景，与之对比来写，是另一种可试的做法。同学们可以试一试。这种方法的好处，在于把景一分为二，等于开阔了你的视野，扩大了你作文的场地，便于你施展拳脚，而且，还可以避免就一处景说一处景的单调，甚至有些同学常常出现的觉得说着说着就无话可说的困惑。

我写《杜鹃　杜鹃》，是去了九嶷山之后。那里的杜鹃非常有名，漫山遍野地开放，也非常有气势，同时因为舜帝与娥皇和女英的古老传说而增添它的悠悠古韵。一般同学，容易就这样一路写下来，看，此地杜鹃花开的气势、名气和传说，三个段落，统统围绕着杜鹃，既突出了中心，又有分明的层次感，不是非常好的写法吗？只是，我觉得这样写，可能会写得比较顺，但很容易与别人写的雷同。因为这三个层次，我看到了，别人也会看到的。都这样轻车熟路去写，便造成文章的千篇一律。老师常批评我们的，文章缺乏新意，就会出现在这里。

于是，我拉来了另一处景——云南香格里拉碧塔海的杜鹃。之所以拉来了它，是因为两者之间既有相同之处，又有不同之处。文章因有了这样的对比，就好作了一些，因为比较两者的同与不同，就会有话好说，而且，这样的话，是属于你自己比较中的发现与感悟，和别人不会雷同。

具体来看，同九嶷山的杜鹃相同的，是这一处的杜鹃一样的有名，一样开放得有气势；不同的，是这一处的杜鹃没有九嶷山的古老传说。但它有一点又恰恰是九嶷山的杜鹃所没有的，这一点的不同，成为文章的重点，便是它的"杜鹃醉

鱼"。重点描写这一大自然的壮观景象"杜鹃醉鱼"，和九嶷山在传说衬托下那满山红白杜鹃怒放的交响那样大自然壮观的对比，便让文章有了彼此的对比和相互贯穿的气息，有了和别人稍稍不一样的底气。

再看《水的传奇》，写的是美国尼亚加拉大瀑布，却拉来了我国四川九寨沟，为的也是找来对比，而让文章好写一些。试想一下，尼亚加拉大瀑布那么有名，早已经不知有多少人描写过它，起码宗璞先生在上个世纪80年代就写过非常漂亮的散文《奔落的雪原》，为尼亚加拉大瀑布创造了一个奇特壮观的意象。如果论想象和修辞，再怎么写，也很难超越宗璞先生的这篇文章了，逼得我必须寻找新的出路，才找来了九寨沟。

于是，我没有直奔主题，先写尼亚加拉大瀑布，而是在文章的开头用了一大段先写九寨沟的水，为的就是和尼亚加拉大瀑布做一个有意识且明确的对比，说明"九寨沟的水，是阴柔的，是女性的，尼亚加拉大瀑布则是阳刚的"，"仿佛上苍抛向人间的两面镜子，让我们能够时时照亮自己的容颜和心地，看看我们和大自然的距离"。这是开场锣鼓，紧接着，下面所有对尼亚加拉大瀑布的描写，都是围绕着这一主旨展开的。一直到最后写道："我又想起了九寨沟的水，和尼亚加拉大瀑布相比的话，那像是一部温馨浪漫的生活影片，荡漾着的是属于东方的审美情调；尼亚加拉大瀑布则是一部桀骜不驯的西部牛仔影片，每一滴水珠里都仿佛有一个神灵在横刀跃马，仰天长啸。"

有了对比，像有了一个靶位，文章就有了准星，集中而好写一些。这样的写法，可以使得文章新颖一些，避免写景文章中常常会出现的那种词汇堆砌的毛病。这是我们写这类文章尤其要注意的。

在这篇文章最后，我写了这样几句话："如果说九寨沟的水是上天留给人间的一个童话，那么，尼亚加拉大瀑布则是上天留给我们的一个神话。如果九寨沟的水是一首诗，尼亚加拉大瀑布则是一段传奇。"聪明的同学，一定会察觉到，和上一篇《杜鹃 杜鹃》结尾的写法是类似的："如果九嶷山的杜鹃是壮丽的杜鹃，碧塔海的杜鹃是浪漫的杜鹃。如果九嶷山的杜鹃属于神话，碧塔海的杜鹃属于童话。"可以说，都是选择对比法的结果。

之所以选择这样两篇文章作为例子，也是想告诉同学们，读文章和写文章，有时候都需要对比。对比是读写共用和相通的好方法之一。

附录：

杜鹃　杜鹃

现在是看杜鹃花的时节。我国杜鹃花的品种极多，但有两处的杜鹃，最让人难忘，非常值得一看。

一处是湖南九嶷山的杜鹃花。九嶷山的杜鹃在四月开花。《史记》中记载："舜南巡狩，崩于苍梧之野，葬于江南九嶷。"人们都知道九嶷山的湘妃竹，因舜帝葬于此而闻名，不大知道九嶷山的杜鹃，是因为传说中的娥皇和女英两位妃子千里迢迢逆潇水而上到九嶷，一路哭来，泪水滴落在竹上，紫痕斑斑，千年不落，才有了"斑竹一枝千滴泪，红霞万朵百重衣"的诗句。其实，娥皇和女英的泪水不仅滴在湘妃竹上，也滴落在杜鹃花上面，九嶷山的杜鹃一样有名，而且应该说比湘妃竹更动人。动人的是传说中舜帝未死之前，九嶷山漫山遍野开的都是红杜鹃，在舜倒地那一瞬间，满山的红杜鹃，都齐刷刷地变成了白杜鹃，摇曳着齐为舜帝致哀。

　　连杜鹃花都知道舜帝教当地人制茶、办学堂，最后为百姓伏蟒受毒致死，而深得百姓的爱戴和怀念，才有了这样神话般的感应。想想一山的杜鹃在顷刻之间有了灵性，变了颜色，花随风摇，带动着巍巍高山也颜色陡变而随之摇曳，杜鹃摇曳着祭祀的白绸，山谷响彻悲恸的风声，该是多么壮丽的场面。从此，九嶷山每年四月，都是既开红杜鹃，也开白杜鹃。如今这时候到九嶷山，满山的红白杜鹃，扑扇着红白一对翅膀，把整个九嶷山带动得都飞起来似的，会让人迎风遥想，染上历史回味和岁月沧桑的杜鹃，不是一朵，也不是一丛、一片，而是漫山遍野怒放的红杜鹃、白杜鹃，真的是杜鹃之交响。

　　另一处是云南香格里拉碧塔海的杜鹃花。它们比九嶷山的杜鹃开得晚些，要在五月开花。碧塔海藏在香格里拉深处，一围群山，四处草甸，漫天清澈得像母亲怀抱那高原特有的天光云色，将碧塔海衬托得分外幽静而神秘。碧塔海周围遍布杜鹃花林，高原的红杜鹃，开得烂漫如火，似乎因为离着太阳近，把灿烂的阳光都吸收进花蕊里面，每一朵都红得像是要破裂得流淌下红色的汁液来，更是特别粗犷妖冶，肆无忌惮。

山野的风吹来，成片的杜鹃花约好了似的，飞流直下三千尺的瀑布一样飘落进碧塔海中，红艳艳一片，一天霞光云锦般的漂浮在水面上，燃烧的血一样荡漾。这时，会有成群的鱼闻香扑面游来，像是奔赴一年一次的情人约会而浩浩荡荡，争先恐后，那一份浪漫的豪情，如同高原上掠过的长风，一泻千里，无遮无拦。高原的鱼和花真是一样的秉性，也是豪放得很，喁喁着小嘴，贪婪地吞吃杜鹃花瓣，如同高原贪杯的汉子一样，不喝得一醉方休不会放下酒杯，吞吃杜鹃花瓣的鱼，便成群成片地醉倒，漂浮在碧塔海之上，成为高原最美丽的一景，当地人称之为"杜鹃醉鱼"。那种粗犷之中蕴含的平原湖泊中难得的浪漫（我们见惯的鱼大多被高科技的鱼食养得过于肥硕盛放于精致的鱼盘中，或养成华丽的观赏类金鱼置放于恒温的玻璃鱼缸里），首先得益于红杜鹃托风传媒，慷慨地举身赴清池的浪漫，方才与鱼相得益彰，如此风情万种，将碧塔海变成红塔海，让人叹为观止。

如果九嶷山的杜鹃是壮丽的杜鹃，碧塔海的杜鹃是浪漫的杜鹃。

如果九嶷山的杜鹃属于神话，碧塔海的杜鹃属于童话。

水 的 传 奇

  我一直以为，如果看水，有两个地方的水最值得看，一个是九寨沟的水，一个是尼亚加拉大瀑布。可以毫不夸张地说，看过这两个地方的水，其他地方的水可以不必再看了。

  如果看水的柔韧劲、可塑性，看水是如何将绚烂归于平淡，将刚劲寓于柔顺，将流动化为宁静，将一时融于永恒，那一定要去看九寨沟的水。那里的水化繁为简，化整为零，将浩瀚的水天女散花成一个个珍珠般串联的湖泊。每一个湖泊都是那样清澄透明，纤尘不染，将水本来的无色透明，幻化成孔雀蓝的蓝色，蓝得让人心醉，让人如同看到教堂里洗礼用的圣洁露水，如同听到教堂里管风琴演奏的圣母颂，而不敢有丝毫的俗尘杂念，懂得并真真地看到人世间居然有纯洁美好和透彻的净，就在这里远避尘嚣而静静地存在。

  如果看水的激扬，水的冲动，水的澎湃，看水是如何将平常琐碎的嘈杂的泡沫般的一切变为顶天立地的世界，将儿女情长的喃喃细语化为了誓言一般的慷慨悲壮，将千年的积蓄爆发于瞬间的一时，将压抑的心情冲出胸膛，将万马齐喑的场面搅成冲天怒吼，将风花雪月的迷恋变为金戈铁马，那一定要去看尼亚加拉大瀑布。

  九寨沟的水，是阴柔的，是女性的，尼亚加拉大瀑布则是阳刚的，男性的。上天在造水的时候，和上帝造人一样，故意要造成这样对称的两极，让这样性别和性格迥异的水，呈现在人类的面前，仿佛上苍抛向人间的两面镜子，让我们能够时时照亮自己的容颜和心地，看看我们和大自然的距离。

我终于看到了心仪已久的尼亚加拉大瀑布。

是晚上，夜色和灯光双重作用下的瀑布，以那样轩豁而宽阔的幅度和面积，从你的身旁直直地坠落下去，不惜粉身碎骨，也要举身赴清池一般决绝地直冲而下，真的是烈性得可以。而就在刚刚，就在一步之遥，它的水还是平静地流淌着，和我们平常见到的水没有什么两样。突然间，它就像我们川剧里的变脸一样，一跃而起，冲天一怒，将平静庸常的水迸发出另一种形态，崩落成一天飞溅四溢的雪浪花，宛若千树万树梨花开，宛若欢蹦乱跳着拥挤着互不相让赶赴约会的夜精灵，宛若义无反顾的高空蹦极的无畏勇士。

要我看来，看尼亚加拉大瀑布，白天比夜晚更要精彩，更要真实。夜色下的大瀑布，有些像是王尔德笔下穿戴着朦胧的七层纱跳舞的魔女莎乐美，带有拉美的魔幻色彩，却也多少让大瀑布变形，让大瀑布变得亦真亦幻，似是而非，变得加入了夜色迷离的色泽，和灯光闪烁的科技元素。白天看大瀑布，大瀑布才是本色的，原装的，未经化妆和加色的，彻底地脱下了七层纱，就像雷诺阿笔下那些壮硕的裸女，将美丽而健康的胴体展示在光天化日之下，水花如雪，是那样的洁白；激流如歌，是那样的壮烈；排阵如兵，是那样的气势雄伟，如同看到了一场古罗马冷兵器时

代的战争。

　　第二天上午，我又去看了大瀑布。大瀑布从山崖跌落下去成为瀑布，虽然只是瞬间的事情，却是经历了从平缓到崩落到激流到云雾到彩虹这样几个步骤，层次是那样的鲜明清晰，衔接又是那样的缝若天衣，贯穿又是那样的一气呵成。特别是彩虹，无论你站在哪个角度，都可以看到瀑布跌落时被猎猎天光映射出来的七色虹霓，如同从水中钻出来的彩色蜥蜴或珊瑚，柔若无骨，袅袅婷婷，在和气势不凡旁若无人的瀑布调情。

　　想起宗璞先生80年代里笔下的尼亚加拉大瀑布，她说大瀑布是"整个的雪原从天上崩落了"，是"崩落了还在奔跑的雪原"。我以为是迄今描写尼亚加拉大瀑布最美也最真的意象。

　　来看尼亚加拉瀑布的人，一般都要乘船近距离再看大瀑布的。因为，从美国一方看大瀑布，只能看到美国这一面的两道瀑布，即名曰美国瀑布和新娘面纱瀑布，而尼亚加拉大瀑布是由三道瀑布组成的，其中最大的马蹄瀑布在加拿大一方，必须乘船而游。这时候，三大瀑布方可一览无余，也才更能够体验三道瀑布的气势，因为这时候人是仰视的，瀑布显得越发的雄伟，人在这样的大自然壮观面前，真的是很渺小的。说尼亚加拉大瀑布是世界的第七大奇观，确实名不虚传，这时候的感受就犹如三道瀑布同时在心里激荡，那种感觉好像你在等待着一次充满期待的旅程，即将出发，心里跃跃欲试，鼓胀着八面来风。

　　船行一会儿的工夫，马蹄瀑布便越来越清晰。它确实呈马蹄形，敞开怀抱，伸出双臂，在招呼着人们。据说它宽有2500英尺，宽阔得如同巨人的胸膛。当船越来越靠近它的时候，水的轰鸣声越来越响亮，水的雾气也越来越浓烈、越来越清冽。等船行至瀑布下面的时候，水的形态完全不见了，只感到包围在身边的是白茫茫的雾气，仿佛整个世界在这一刻都变成了霭霭雾气，载我们湿漉漉的飘飘欲仙。

那一刻，其实，我已经看不见什么马蹄形的瀑布了，只好像进入了一个水晶般的巨大的罩子里面。它让我第一次感觉到，水居然可以形成这样一个神奇的世界，虽然穿着雨衣，你的身子已经几乎全被水打湿了，但你看不见一滴水，看见的只是白茫茫一片，像雪，像雾，像千古的冰川。如果站在上面看，就像宗璞先生说的，瀑布像是"崩落了还在奔跑的雪原"。那么，在这里近距离地和瀑布亲近，瀑布就像是一个凝固的童话世界。如果站在上面看瀑布，还只是乐曲的第一章，那么，这里则是瀑布的华彩乐段了。

我又想起了九寨沟的水，和尼亚加拉大瀑布相比的话，那像是一部温馨浪漫的生活影片，荡漾着的是属于东方的审美情调；尼亚加拉大瀑布则是一部桀骜不驯的西部牛仔影片，每一滴水珠里都仿佛有一个神灵在横刀跃马，仰天长啸。

如果说九寨沟的水是上天留给人间的一个童话，那么，尼亚加拉大瀑布则是上天留给我们的一个神话。

如果九寨沟的水是一首诗，尼亚加拉大瀑布则是一段传奇。

一个物怎么写（一）

—— 物和人的关系

状物，是自古以来写作的一个项目，写物的文章不胜枚举，贾平凹的《丑石》、韩少功的《蠢树》，可做同学们写物的范本来学习。状物，如同绘画中的素描一样，是初学写作的基本功。

状物，物是笔墨的落点，却不是写作的目的。以前常说的一句话是：状物抒情。说的是情在物中的位置和作用。其实，抒情也并不是状物的唯一目的。状物，在我看来，还是要从物中写出一个人或一群人甚至一代人一个民族的性情来。所以，古时屈原最愿意以香花美草来喻人喻己。物便是自然界人的化身。

明白了状物的这一个根本性的目的，写之前就会知道，状物之前的观察物，需要细致，观察到别人没有发现的细微而独特的部分，是必要的；却不能只从物本身出发，而要联系观物者自己的真心情和真性情，观物就是观自己，物是人的一面镜子；状物便能够沿着物与人共同的情感和性格走向，抵达文章的目的地。

同学们需要注意的是，不要一写物，便只是把眼睛紧盯着物本身，即使到文章最后由物升华而有几句直奔主题的空洞的抒情言志，也只是以前我们语文课本里《荔枝蜜》和《白杨礼赞》写法的老套路而已，并没有真正做到物我一体。相比较而言，倒是鲁迅先生的《风筝》，在状物风筝的时候，融入了自己真切的感情。鲁迅笔下的风筝这一物，比实际生活中天上飘飞的风筝本身，其形象与意义更为丰富，这是值得我们学习的另一范本。

　　以《佛手之香》为例，如何具体描写佛手，并不难，只要将你观察到的联想到的写出来就是了。难的是对佛手具体描写之后，落点在哪里？所谓古人说状物抒情的"情"在哪里？所说的言外之意的"意"又在哪里？只是写佛手的好看好吃好玩，这样的美物如今已经少见了，然后感慨几句美最易于流失，再抒发我们对它以及一切美好的事物应该更加珍爱之情就够了吗？这成为我落笔之前最需要思考的问题。显然，我不满足于这样对佛手的认知与表达。

　　这篇文章写了两部分内容，前半部分写佛手之事，后半部分写佛手之香。

　　如果只是如现在文章前半部分所写的那样，写买佛手，写佛手奇特的样子，写佛手的相关知识，写以前第一次买佛手回家的情景，写曾经和佛手亲密接触的经历……那文章会很平常，流于一般化，犯我们同学常常犯的写物的毛病，即很容易就物写物，就事写事，没有跳出来，书写出一片新的天地。即

便在具体写佛手的时候，写了敦煌壁画中端坐于莲花座上和飞天于彩云间的各式佛的手指，写了残疾人艺术团表演的千手观音舞蹈中的金色手指，充其量只是运用了联想的方法而已，只是佛手的延伸和扩容。

这些带有叙事性的描写都是需要的，它会让人觉得你并不是刻意描写佛手，而是像聊家常一样，让人感到佛手和人的亲近和亲切，佛手和人是合而为一的。但是，这样的叙述还有一个重要的目的，便是把文章的主旨隐藏起来。在这里，把最重要的部分，像肉埋在饭里一样，埋在这样平易的叙述中，不显山显水，等着文章最后的呼应。这便是四十多年前第一次买佛手回家的时候，"父母都还健在，把它放在柜子上，像供奉小小的一尊佛，满屋飘香"。只是一句话，没有过多的细描，却是文章的引信，等待最后一刻的点燃。

文章的后半部分，点落在了题目"佛手之香"的香味上面。这是一般以点带面的写法，是对佛手进一步深入的写法。但是，如果只是写了其具体而独特的香味，用了宠物狗瞬间扑将过来的比喻，用了菠萝和榴莲的对比，用了亨德尔的音乐和《金刚经》的联想，然后，到此为止的话，只能说是把佛手之香写得比较生动和丰富，却依然没有跳出一般同学们状物时那种就事说事的老问题。

但是，这些具体描写佛手之香的文字，还是非常需要的，只是它还不是文章的终点，它只是为了抵达终点必要的过渡和铺垫。紧接着，在下面，我写了佛手香味渐渐变淡，而它的皮

肉渐渐沧桑变老的一大段。这一大段，至关重要。这是亲身的感受，正是有了这样的感受，才让我写了这篇文章。我发现，佛手真的和人一样，有自己的从幼到老的生命过程。这个过程在我的眼前经历，让我感慨，让我对佛手有了切肤的感情。这样的感情和感慨，把文章引向深入的一层。于是，有了最后一段，由佛手变老还是把香味散发给我，而让我想起了年老的母亲。同时，和前面第一次买佛手回家呼应，"四十多年前，我第一次见到佛手的时候，母亲还不老"。

在这里，老与不老，既是母亲也是佛手的对应和呼应，是物的生命对人的生命的对应和呼应。佛手便不再只是佛手，母亲也不再只是母亲。所谓看山不是山，看水不是水，才是状物的最高境界。

附录：

佛 手 之 香

那个星期天，我在潘家园旧货市场外面的街上，买了一个佛手。那时，这条街和市场里面一样的热闹，摆满了小摊，其中一个小摊卖的就是佛手。卖货的是个山东妇女，十几个大小不一有青有黄的佛手，浑身疙疙瘩瘩的，躺在她脚前的一个竹篮里，

百无聊赖的样子,像伸出来长短不一粗细不均的枝杈来勾引人们的注意。很多人不认识这玩意儿,路过这里都问问这是什么呀,这么难看!扭头就走了,没有人买。我买了一个黄中带绿的大佛手,她很高兴,便宜了我两块钱,说我是大老远从山东带来的,谁知道你们北京人不认!

这东西好长时间没有在北京卖了。记得上一次见到它,起码是四十多年前了。那时,我还在读中学,是春节前,在街上买回一个,个头儿没有这个大,但小巧玲珑,长得比这个秀气。那时,父母都还健在,把它放在柜子上,像供奉小小的一尊佛,满屋飘香。

我不知道佛手能不能称之为水果。它可以吃,记得那时我偷偷掐下它的一小角,皮的味道像橘子皮,肉没有橘子好吃,发酸发苦,很涩。那时,我查过词典,说它是枸橼的变种,初夏时开上白下紫两种颜色的小花,冬天结果,但果实变形,像是过于饱满炸开了,裂成如今这般模样。它的用途很多,可以入药,可以泡酒,也可以做成蜜饯。那时我买的那个佛手没有摆到过年,就被父亲泡酒了,母亲一再埋怨父亲,说是摆到过年,多喜兴呀。

以后,我在唐花坞和植物园里看到过佛手,但都是盆栽的,很袖珍,只是看花一样赏景的。插队北大荒时,每次回北京探亲结束都要去六必居买咸菜带走,好度过北大荒没有青菜的漫长冬春两季,在六必居我见过腌制的佛手,不过,已经切成片,变成了酱黄色,看不出一点儿佛指如仙的样子了。

我们中国人很会给水果起名字,我以为起得最好的便是佛手了，它不仅最象形，而且最具有超尘拔俗的境界。它伸出的权权，确实像佛手，只有佛的手指才会这样如兰花瓣宛转修长，曲折中有这样的韵致。在敦煌壁画中看那些端坐于莲花座上和飞天于彩云间的各式佛的手指，确实和它有几分相似。前不久看到了残疾人艺术团表演的千手观音，那伸展自如风姿绰约的金色手指，确实能够让人把它们和佛手联系在一起。我买的这个佛手，回家后我细细数了数，一共二十四支手指。我不知道一般佛手长多少佛指，我猜想，二十四支，除了和千手观音比，它应该不算少了。

  我把它放在卧室里，没有想到它会如此的香。特别是它身上的绿色完全变黄的时候，香味扑满了整个卧室，甚至长上了翅膀似的，飞出我的卧室，每当我从外面回来，刚刚打开房间的门，香味就像家里有条宠物狗一样立刻扑了过来，毛茸茸的感觉，萦绕在身旁。我相信世界上所有的水果都没有它这种独特的香味。在水果里，只有菲律宾的菠萝才可以和它相比，但那种菠萝香味清新倒是清新，没有它的浓郁；有的水果，倒是很浓郁，比如榴莲，却有些浓郁得刺鼻。它的香味，真的是少一分则欠缺，多一分则过了界，拿捏得那样恰到好处，仿佛妙手天成，是上天的赐予，称它为佛手，确为得天独厚，别无二致，只有天国境界，才会有如此如梵乐清音一般的香味。西方是将亨德尔宗教色彩浓郁的清唱剧《弥赛亚》中那段清澈透明、高蹈如云的《哈利路亚》，视为天国的国歌的，我想我们东方可以把佛手之香，称之为天国之香的。这样说，也许并非没有道理，过去文字中常见珠

玉成诗，兰露滋香，我想，香与花的供奉是佛教的一种虔诚的仪式，那种仪式中所供奉的香所散发的香味，大概就是这样的吧？《金刚经》里所说的处处花香散处的香味大概也就是这样的吧？

它的香味那样持久，也是我始料未及。一个多月过去了，房间里还是香飘不断，可以说没有一朵花的香味能够存留得如此长久。越是花香浓郁的花，凋零得越快，香味便也随之玉殒色残了，它却还像当初一样，依旧香如故。但看看它的皮，已经从青绿到鹅黄到柠檬黄到芥末黄到土黄，到如今黄中带黑的斑斑点点了，而且，它的皮已经发干发皱，萎缩了，像是瘦筋筋的，只剩下了皮包骨。想想刚买回它时那丰满妖娆的样子，让我感到的却不是美人迟暮的感觉，而是和日子一起变老的沧桑。

它已经老了，却还是把香味散发给我，虽然没有最初那样浓郁了，但依然那样的清新沁人。那一刻，我忽然觉得它老得像母亲。是的，我想起了母亲，四十多年前，我第一次见到佛手的时候，母亲还不老。

一个物怎么写（二）

—— 主题和思想的体现

如何将物尤其是司空见惯的物，写得别致而新颖，同时由此及彼能够让人生发出几分思考来，也就是说，既可看，又可品；既能写得有点意思，又能写得有点意义，是我最近在写这样一类文章时最费琢磨的事情。

这一次来美国，因为是在印第安纳州，这个州是美国一大农业州，所以看到很多田野，在田野里看到很多早已经废弃的陈年旧谷仓，非常有意思，是在别处尤其是我们国家很少见到的景物。它们多少年了，就立在那里，没有任何用途，却没有被拆除，成为了田野的一景。我很想写写它，却没敢轻易动笔。我知道写它的有意思的地方在哪里，却不知道写它的意义在哪里。

后来，我在居住的小区里发现居然也有一座这样的旧谷仓，庞然大物，占据了很多的土地。这让我感到非常奇怪，这在我们国家的城市里是绝对见不到的景观，哪里会把一座早就废弃的破旧谷仓，还留在寸土寸金的小区里呢？房产商带着推土机早就把它拆除，盖起商品楼来了。但是，这里的人们没有

把它拆除，为什么呢？为什么还保留着它，让它占据了那样多可以转换为金钱的使用面积，和人们相安无事，而且还相看两不厌呢？我没有想好，还是没敢轻易动笔。

再后来，我去了一个叫新希望的小镇，看到了一座旧谷仓被改造成了一个剧场，成为当地一个地标式的建筑，并不是以前我以为的，旧谷仓一点用处也没有，只是当成怀旧的一种旧物借此寄托情感。这似乎又不仅仅属于废物利用，这种农村和城市的对接，历史和现代的交织，象征和实用的错位，让我耳目一新，比我以前对谷仓的认知和想象要丰富了许多。但是，我依然没敢下笔。

这样，一个旧谷仓，在田野，在社区，在小镇，让我有了三次的起伏，对它的认知和理解有了层层递进式的进展。之所以没敢下笔的原因，在于我还没有找到能够串联起，或者说是穿透这三次看到不同类型的旧谷仓的东西。也就是说，还缺少画龙点睛的东西。这个东西，就是我们语文老师爱说的主题思想。

在这里，我认为主题和思想是一个问题的两个侧面，它们是相互关联的，却又不能简单等同于一回事。主题是属于文章的，是落实在文章中最后的体现；而思想则是属于作者的，是写文章之前的酝酿和思考。这是有前后之别的，不可混为一谈。而且，后者是先于前者，并重于前者的。不可以在没有仔细酝酿和思考之后找到一种可以穿透物的思想的时候，就急于人为地设置主题，尤其是设置一般常用并共用的主题——我称之为"公共汽车"式的主题。这样，很容易使物与主题没有融

为一体，而显得皮肉分离。这样的毛病，也就是前面所说的，我们同学最容易犯的毛病，轻而易举走的还是《荔枝蜜》和《白杨礼赞》这样状物和设置主题的老路。

因此，穿透文章的思想的过程，其实就是对文章素材认识与理解的过程，是需要一些时间的，就像一锅肉骨头，需要时间的炖煮，才可以熟烂而成为美食，其所散发出来的香味，便是文章的主题。文章主题的最后提炼，是文章思想寻找过程中最后呈现的结果，需要一点耐心，才会在有时候不期而遇，在突然之间迸发出灿烂之花。

这个旧谷仓一直在我的眼前晃，在我的心里动。我非常想写它，但我劝自己沉住气，桃子还没有熟，熟透了，自然就会怦然落地。一直到有一天，我去芝加哥的美术馆，看到美国著名画家查尔斯·希勒画的一幅油画，画的就是我已经看过无数的乡间旧谷仓，尤其是看到了画框旁边的白色纸片上印着画作名字中那个"谷仓"的英文字母的时候，心里竟然有些激动，仿佛他乡遇故知，我一直等着的就是这幅油画。这幅油画上的谷仓，和我以前在生活中见到的谷仓，重叠在一起，迸发出了火花。我站在那里，看了许久，一直到美术馆快要关门。我知道，桃子终于熟了，思想不期而至，一下子贯穿并穿透了以前三次我看到不同类型的旧谷仓。我可以动笔了。

这个思想和主题，其实并不复杂，也不深刻，它只是告诉我，为什么美国人对乡间的旧谷仓情有独钟，宁愿让它们就那样毫无用处地待在田野里和城市里，或者为人所用改造成剧

场。这种我以前所认为的无用和有用，都是对它浅薄的认知，是站在我们现在中国人对房子高度物化的过于现实的观感。希勒的画，让我惊叹并惭愧地看到了，美国人是将物化为了感情和精神，让谷仓成为了一种艺术品，表现出的是美国人对谷仓的深厚感情。这就是文章最后所写的："任何一个民族，都有属于并寄托自己民族情感的乡间物品，就像荷兰的风车，就像我们水边的石磨和屋檐下垂挂的蒜瓣或红辣椒。"

  我们初学写作的同学们需要记住，单纯就物写物，永远不会写好，因为这样的写法只会将我们自己的心一并物化。如果人为地替物先入为主地设置主题，也很难写好，因为我们没有真正从物中发现出和人相呼应的东西，或者发现了却没有化为鲜活的思想，穿透我们要写的物，物便还是死的，没有真正地活起来。

附录：

乡间旧谷仓

  行驶在美国乡间，望着路两旁的田野，开阔无边，正是玉米拔节劲长的季节，绿叶随风起伏，浪一样一直摇曳到天边，感觉很像北大荒。在这样的田野中间，常常可以看到一座旧谷仓，突兀地立着，像一个巨大的稻草人，显得有些孤独，垂下昔日的影子，沉吟着怀旧的诗句。这是北大荒没有的景致。

大多数谷仓木结构，呈尖顶六边形，仓顶有的涂成黄色，有的涂成白色或灰色，但四壁一般都涂成红色，便和绿色的田野对比得色彩格外明亮。想象着如果到了冬天，白雪皑皑中，红白相映，更会惹人眼目。即使有的谷仓颜色有些斑驳脱落，依然显得那样艳丽。

这些谷仓至少有几十年甚至半个多世纪乃至百年的历史了。这么长的时间过去，它们早被废弃不用，成为空壳了，有的身上爬满了杂草和藤蔓，有的仓顶筑起了鸟巢，为什么没有拆除，依然让它们顽固地站在那里？

如果是在田野里，倒也多少可以理解，它们毕竟曾经和田野联姻，是乡间的一分子，就让它们像一棵棵老树一样，立在那里，和人们相看两不厌。但在日益城镇化的进程中，不少田野早就变为了城镇，乡间只成为了回忆中的印象，为什么很多地方依然矗立着这样的旧谷仓，和四围的楼房别墅那样的不相称，显得那样的另类？当然，这只是我的看法，美国人见怪不怪，早已经习以为常，甚至认为它们和别墅楼房和平共处，成为了城镇的一道独特的风景。我不大明白，为什么他们如此情有独钟，不愿意和它们分离。在我浅陋的意识里，再如何怀旧，再如何情有独钟，在城镇寸土寸金的地盘中，我们是不会让它们占据着那么大的地方，早就拆掉然后平地起高楼，让它们成为可以销售的建筑面积。

这次来美国，住印第安纳州的布鲁明顿，在我居住的社区，一天黄昏散步，走到社区边上，老远就看到这样一座硕大的旧谷仓，砖红色的四壁，在夕阳下仿佛火一样燃烧着，存活着往昔旺盛的生命。走近看，才发现，谷仓立在一道小溪边，它的前面是一片开阔的草坪，除了一部分辟为儿童乐园，安装了滑梯、秋千和凉棚之外，大部分依然是绿茵如毯的草坪。可以想象当年这里是一片草木扶疏的田野，1985年建这个社区的时候，不仅保留住这座谷仓，还保留了谷仓前这片田野。如果在我们这里，开发商会毫不留情地开来推土机，木制的谷仓根本经不起铁家伙的摧枯拉朽。然后，推土机会不可一世地占领这片都市里的最后一片田野，让它们不再生长庄稼而只能生长楼盘。

　　或许，这就是城镇化的建设伦理不尽相同了。我们信奉的是不破不立，拆旧立新，我们一直认为新楼房比旧房子要好，要更有价值。当然，这个价值已经删繁就简纯粹沦为了经济价值，便很轻而易举就忽略掉了旧房子由历史积淀而成的文化价值。我想起了加拿大学者雅各布斯曾经说过的话："必须保留一些各个年代混合的旧建筑……城市里的新建筑的价值可以由别的东西——如花费更多的资金来代替。但是，旧建筑是不能随意取代的，这种价值是由时间形成的。这种多样性对于一个充满活力的城市，只能继承，并在日后的岁月里持续下去。"在这里，雅各布斯指的是城市里的老建筑，如我们北京破旧四合院的老房子。我觉得，说这些旧谷仓一样合适。

　　美国乡间的旧谷仓，和我们四合院的旧房子，还不尽相同。

它们纯属于乡村记忆，完全是农业时代的产物，已经没有了实用功能，只具有象征意义。这样的想法，很快在我去了费城附近一个叫做新希望（New Hope）的小镇后被打破。这是一个美国近几十年由一批自由画家聚集而逐渐发展起来的小镇，极具艺术气息。一条河穿城而过，河畔矗立着一座高大的旧谷仓，几乎成为了小镇标志性的建筑。这座谷仓，如今成为了剧场，我去的那天晚上正演出莫扎特的歌剧。谷仓的外表依然保留着旧貌，里面却更换一新，当年盛满谷物的地方，变成了舞台和一排排座椅，售票的窗口是乡村房间的模样，古色古香，又洋溢着乡土气息。聪明的美国人，并没有让旧谷仓千篇一律呆立在那里游手好闲，适时适地地和小镇的艺术氛围交融在一起，让历史和现代交织，让象征和实用相汇。

前两天去芝加哥，参观美术馆，在美国百年画作的展厅里，一眼看见一幅乡间旧谷仓的油画。倒不是它的画幅有多大，而是谷仓独特鲜艳的红色，那样醒目，蹿出了火焰一般，立刻燃烧在我的眼睛中。我走过去看，原来是美国著名画家查尔斯·希勒（Charles Sheeler）的作品。这是希勒1940年的作品，名字叫做《巴克斯郡谷仓》。巴克斯郡就在费城附近，新希望小镇便属于该郡。看那时的谷仓四周还是一片真正的田野，谷仓前围有围栏，栅栏里有老牛。只半个多世纪，却已是沧海桑田，谷仓成为了田野的记忆和都市里的风景。不过，希勒的画让我有些明白了，为什么美国人对乡间的旧谷仓情有独钟。在美国的画家里，希勒并不是第一个也不是最后一个将谷仓入画的人。他们让谷仓

成为了一种艺术品，是因为他们表现出了美国人对谷仓的感情。任何一个民族，都有属于并寄托自己民族情感的乡间物品，就像荷兰的风车，就像我们水边的石磨和屋檐下垂挂的蒜辫或红辣椒。

一本书怎么读（一）

——读后感写作的"读"和"感"

读后感，常常是老师布置的作业。读后感，容易写，也难写。容易，是指不少同学把内容简介一抄，再在网上东抄一下西抄一下别人写过的内容，最后加上一句这本书我读后很受感动，至今难忘，或很受到启发，从中受到教育之类言不由衷的话。难，指的是写出自己的真感受，写出与别人不一样的新鲜一点的东西，并不那么简单。

读后感怎么写，首先在于读，而后才有感。读是第一位的，没有认真的读，没有读的时候有真正触动自己的地方，便很难写读后感。在这里的"感"，不应该是读之后硬挤出来的，拼凑出来的，而应该是在读之中就有"感"而动于心的。这里的"感"，首先是读的时候感性的感受，也就是我说的那些触动自己的地方；其次才是带有理性色彩的感悟。没有前者，那种感悟便很多是无本之木，无源之水，或者大而无当，或者似曾相识。所以，读书，首先是感性的，读后感，首先也立足于感性之上。这一点，我们的同学有时候常常忽略，老师布置下这样读后感的作业后，我们常常不是认真地读书，而是

先去找材料，找别人写的做参考，便把读后感的写作顺序颠倒了。

我读阿成的《舌尖上的东北》一书，开始并没有想写读后感，但这本书让我感兴趣，因为阿成是东北人，对东北尤其哈尔滨很熟悉。我自己曾经在北大荒插过队，年轻时候从北大荒探亲回家，多次自哈尔滨转火车，对哈尔滨也比较熟悉，对哈尔滨的大列巴（即面包）、红肠、酸黄瓜等吃食也很熟悉，特别是对哈尔滨中央大街上一家叫做华梅西餐厅的情有独钟。因此，特别想看看他是怎么写的，和我经历的、想象的，是不是一回事，便成了读这本书之前的预期。有了期待，读的时候便容易仔细。

读这本书，便先找到他写华梅西餐厅的文章读，他写得确实很精彩，写出了很多我知道的，也写出了很多我不知道的东西。特别是写他和他的妻子恋爱时第一次约会，在华梅西餐厅吃了他半个月的工资的情景，和他写那个背井离乡的俄国老头，孤独地坐在那里，看窗外淅淅沥沥的小雨，思念家乡，深情地哼唱着一支俄罗斯歌曲的情景，都非常生动，让我感动。这便是我读这本书的时候最初的感受，有了这样真实的感受，读后感写这个就可以了，就容易写，而且不会写得那么空泛而枯燥了。

接下来，读这本书，还有很多让我惊喜的地方。特别是他写哈尔滨那些老字号的趣闻轶事，写得信手拈来，却让人难忘。福泰楼里的患白血病死去的漂亮的女服务员，在那里喝高了号啕大哭的孙同学；老仁义里那位做生意一辈子没有结过婚的仁义老板，下葬时竟然没有一分钱的情景……写得真是充满人情味儿，又充满历史的沧桑感。这也是读时另一种真实的感受，读后感写这个就行了，就容易写，而且不会写得一点真实而深切的东西都没有。所谓读后感的"感"，便很自然地流在我们自己的笔下。

这是读这本书时最让我感动而难忘的地方，读后感，就要写这些让我们感动而难忘的地方。这和写一个人要写他或她最让我们感动而难忘的道理一样，读书便是读人。所以，我强调读后感首先是感性，这一点很重要，我们的同学千万不要忽略了这一点。

下面，我们需要做的，才是如何将这样感性的感受上升为带有理性色彩的读后感的"感"上面。既然已经把上述两方面的东西从一本书中拎了出来，就是说我们已经将这本书化繁为简，最后只剩下了这样两方面的东西，其余的东西，即便书中还有不少值得说的东西，也被我筛选下去，不去说它们了。也就是说，读后感，和写人写事一样，切忌多，线条越干净清晰，越好写。我们接下来要做的是如何写这两方面的感受，如何在这两方面的感受中找出它们各自的意味和相互的关系来。这是需要我们认真思考的，也是一篇读后感写作的裉节儿之处，需要我们在感性之外理性思考的地方。当然，这需要我们平常的学习和锻炼。这方面的学习和锻炼的方法之一，就是多读书，尤其需要读一些理论方面的书，自然就帮助我们拓宽理

性方面思考的向度和维度。

在我的这篇读后感中，我是将这两方面的内容作这样的思考，并作为文章的收尾："将舌尖连接心间，将餐馆扩展人生，将世事品出沧桑，将美味写成美文。真的难得，阿成写出了五味杂陈的人生，或许能够让人们再到这些老字号，再品尝这些地道的东北菜的时候，别有一番滋味在心头吧。"

当然，这只是写法的一种，不同的人，会有不同的读法，不同的写法。同学们可以找这样的路子试验，去写自己的读后感。

附录：

美味和美文
——《舌尖上的东北》读后

我一直认为，写东北，特别是写哈尔滨，阿成是第一人选。只有他才会这样说东北绝无仅有的酸菜："酸菜是哈尔滨人的最爱，甚至是哈尔滨人灵魂的影子。"只有他才会这样说东北独一无二的大酱："对于一个东北人来说，你可以没儿没女，没有单位，没有职称，没亲没朋，以至没有老婆，甚至是身无分文，乃至没有自尊，但绝不能没有大酱！……尽管大酱在东北的餐桌上是那么的不显山不露水,但它的作用却与电灯十分相似,有它的时候,谁也不会拿它当回事,没它,则是一片漆黑。"实在是情到浓处的知心之味,知味之言。

对于东北,我以为自己还算是熟悉的,毕竟曾经在北大荒多年。但读完阿成《舌尖上的东北》一书之后,发现自己知晓的东北原来是那样的单薄和可怜,就是书中所写的那些老字号里的那些美味,很多都闻所未闻,所知甚少,更谈不上如阿成韩信点兵一般,囊括麾下,品尝殆尽。真的是羡慕甚至嫉妒他呢。

关于哈尔滨的吃,我只知道秋林公司的大列巴和中央大街上的华梅西餐厅。却原来吃大列巴,还有那样多的讲究:要就着大茶肠和酸黄瓜,酸黄瓜必须切成块吃,不能切成条或片的;要呷着热热的印度红茶或甜樱桃酒吃,不能喝啤酒的。他写秋林大茶肠,写得那样别致:"粗得像婴儿的腰,胖嘟嘟的,被油绳勒成一节一节的巨藕状,一片切下来像一张娃娃的脸大,可以清晰地看到里面的肥肉块、胡椒粒、蚕豆,味道极香了。"写尽茶肠外形之美,让人馋涎欲滴。紧接着,他又加了一句:"吃了这样的茶肠之后去会女朋友,亢奋地接吻。"写茶肠的味道,让这样的味道在情人之吻中传递,别具风情,涉笔成趣。

对于华梅西餐厅,他不仅写它历史的来龙去脉,写它厨师的门第、它特色菜的品种,更难得的是,写出它在他自己情感经历中的人生况味,以及百年历史中的沧桑之感。在那个物质并不丰富收入并不高的年代里,他请女朋友到那里吃饭,花了半个月的工资,要了一桌子菜肴,他的女朋友"却端坐在那里,一箸未

动。她很紧张,似乎觉得如此奢侈有些危险。任凭我怎么劝,她也不动刀叉,只是不自然地笑笑。后来,我们差不多扔了一桌子的西餐,走了。这个女孩就是我现在的妻子"。在逝去的年代里,他曾经在华梅西餐厅看见一个俄国老头,坐在靠窗的餐桌前,从他的那个肮脏的布兜子里,取出一块方方正正的生肉,用自己带的刀子,切下一片,并在这片生肉上撒上盐、胡椒粉,然后用叉子叉到嘴里吃。他接着写道:"那个俄国老人肯定在怀念自己的俄罗斯故乡,他吃的时候几次放下刀叉,转过身去,看窗外淅淅沥沥的小雨,深情地哼唱着一支俄罗斯歌曲。"他以朴实的笔触,如同画单色的铅笔素描一样,勾勒出华梅西餐厅两幅画面。不尽的心情,无限的感喟,流年似水的年华,逝者如斯的命运,——洋溢在画面之外。

阿成没有让自己的文字仅仅陷入美味,而是有他的感情、乡情和世情的洞悉和融入,方才把那些地道的东北家乡菜翻炒得入情入味,归来沧海事,语罢暮天钟,还有袅袅的余味,不仅在舌尖更在心间荡漾。

看他写创建于清光绪的老字号福泰楼,写美味之余,挂角一将,写他的一位姓孙的同学,因喜欢那里的一位漂亮的女服务员,而常到那里去吃饭,美味与美女兼得。后来,那位女服务员得了白血病。听到这个消息,孙同学傻了。"再后来,听说那个女服务员死了。那一次孙同学在福泰楼彻底喝高了,号啕大哭,太不像话了,根本劝不住,非常丢人。连后厨的大师傅都出来看。但他们谁也没吱声。"写得真的让人心动,在这里,看出了阿成小说家白描人物的底蕴，更看出了他对于人生的关注，甚于美味。

他写哈尔滨另一家老字号老仁义，写得也是如此感情丰沛，超越这家老字号出名的烫面牛肉蒸饺的味道之美。他写它的老板佟玉新如何亲自选料，如何宁肯多花钱，少挣钱，选肉必须是四至六岁的小乳牛肉，选面粉必须是双合盛砂子面或者成泰义的特级砂子面，选菜只要本地产的山东大白菜，因为这种菜质软且甜，而且他只买道外太古六道张桂林的山东大白菜。文章最后，他写道："佟玉新光忙了，忙得一辈子没结婚，这也算是一个奇人了。你看，我们市那么多领导，都忙得不行，可没一个把婚姻大事耽误了的。走的时候，让人想不到的是，他手中居然一分钱也没有，也没有穿新衣服，就那么下葬了。他很棒——全世界也没有他这样做生意的——只要名誉，不要钱，死心塌地为餐客服务。他活得太潇洒了。"

将舌尖连接心间，将餐馆扩展人生，将世事品出沧桑，将美味写成美文。真的难得，阿成写出了五味杂陈的人生，或许能够让人们再到这些老字号，再品尝这些地道的东北菜的时候，别有一番滋味在心头吧。

一本书怎么读（二）

——读后感写作的新意方法一种

读后感有不同的写法，首先在于有不同的读法。我强调读后感的写作，有两点需要注意的，一是"读"是第一位的，同时强调"读"和"感"的相互作用，不是如有些同学常常读之后才正襟危坐想起要写读后感，而把"感"和"读"像吃香蕉那样皮肉完全剥离。二是不要贪多，越少越容易集中，越集中越好写，最好是只谈书中的一点。

以《吴小如和德彪西》为例。吴小如先生是北京大学的教授，我读《学者吴小如》一书时，对他了解不多，这本书全方位地介绍了他的学术生涯和为师为人的品格与性格，读来如观灿烂的花开一路逶迤而来，展现了吴小如先生的一生。书中有一点格外打动我，掩卷而难忘，便是年轻时他对当时很多名家和他的老师直言不讳又一针见血的批评。这些人，如钱锺书、萧乾、沈从文等，都是赫赫有名的大家呀。这样的举动与言说，在今天看来简直无法想象。所以，让我很是感慨，所以难忘。

因为我喜欢音乐，其中喜欢法国音乐家德彪西，读过德彪西的传记。记得传记中记述德彪西年轻时曾经毫不留情地批评一些音乐大家，如贝多芬、莫扎特、勃拉姆斯、柴可夫斯基等人。便把吴小如先生和德彪西联系在了一起。他们对所谓大师或大家们毫不畏惧、出于真心，却又是格外尖锐的批评，有异曲同工之妙。尽管，一个属于文学，一个属于音乐，但其本质是一样的，其心地和眼光是一样的。

想起了德彪西是非常重要的。如果没有想起德彪西，这篇读后感便无法写成。即使勉强写出，也会只是就书论书，缺乏新意。有了德彪西的对应，便使得我所读的吴小如先生有了立体感，我所写的读后感也就有了形象，而避免了空洞，同时也避免了就事论事的一般化，多少会有了与别人的读后感不一样的一点新意。

我讲过写记叙文时需要对应和对比，其实，论说文也一样，所有的文体本质是一样的，方法也可以彼此借鉴交叉运用。在这篇读后感里，德彪西并不是横空出世，也不是完全的巧合，和吴小如先生竟然如此的彼此遥相呼应，而是客观真实的存在，只是需要我们在平常读书时发现。而且，并不是在需要读《学者吴小如》了，早已经有一本德彪西的传记放在你的面前，就等着你去拿他和吴小如先生作对比和呼应，而是在你平常读书的时候，就需要注意，需要积累，方才可以融会贯通，得心应手，找得到可以作对比和呼应的内容。

这里所说的积累，其实是老生常谈。读书，本身就是一种知识和经验的积累，但是，有不少人读了很多的书，按说积累

的东西不少，为什么写起读后感却依然缺少从这本书到另一本书的内在跳跃与贯穿，就像从列车或轮船的自由随意而灵动的换乘，而容易总是在一本书上就地打转呢？牛津大学教授约翰·凯里在谈到读书的时候，强调需要想象力和创造力，特别是创造力的培养。他指出，读书就像弹奏钢琴，演奏的曲子不是自己创作的，但演奏的效果却是属于自己的，读书的过程，和弹奏钢琴的过程是一样的。所以，他说："读者就像钢琴家一样，所做的是一件极具创造力的工作。"而这种创造力，正是读书最需要培养的能力。只有有了这样的能力，才可以将书读成一池活水，横竖相通，手到擒来，启心致力，为我所用。

如果我们的同学认识到这样才是读书的最高境界，这样才是读书最大的快乐的话，那么，我们就很容易明白，读后感的写作，最终的目的，不是应付老师，而是要用这样的一种方式，锻炼我们读书应该拥有的这样的能力。这样的能力的培养，在于读书时文本的细读和多读这样两个方面。应该说，在我们如今的语文教学中，细读与多读这两方面都很缺失，在考试的压力下，多读课外书已经成为奢谈；而细读的锻炼，已经被阅读考试僵化的标准化试题所左右。语文教学中，再也没有比阅读更重要的了，现在我们不少同学学会了考试，却没有怎么学会阅读。我们阅读能力的下降，在我们读后感的写作上面，有着明显而突出的表现。所以，我格外重视读后感的写作。因为，这样的写作，不仅关系到写作能力本身的提高，同时关系到阅读能力的提高。有志于这方面的老师和同学，应该在读后感写作的实践中，努力探寻能够使得写作和读书能力双提高的方向方面，而不仅仅只是满足于分数的提高。

这篇《吴小如和德彪西》里，在将德彪西和吴小如先生作了对比和呼应之后，有这样一段为什么他们二位可以如此率真甚至尖刻地批评他们的老师和先辈，为什么今天我们缺少了这样的精神和态度，再无德彪西和吴小如先生的出现，这是属于读后感的"感"了。但我并不觉得这是这篇文章的重要之处。现在，我是把这个"感"，落在了没有世故的"天真淳朴的锐气"这一点上。这只是我的读后之"感"而已，并不见得就是最佳的选择。仁者见仁，智者见智，不同的人可以有各自不同的读后之"感"。因此，我认为这不是这篇读后感的重要之处，关键之处，在于你能想到并找到与吴小如先生相对比和呼应的人或事来，我找到的是德彪西，你完全可以找到他人或他事。如果找到了，就是读后感写作的另一种方法的尝试。

附录：

吴小如和德彪西

读吴小如先生的学生编写的《学者吴小如》一书，最过目难忘的是小如先生的冰雪精神，赤子之心。特别提及其少作对名家

以及他的老师的评点，直言不讳，率真而激扬，真是令人格外感喟。因为面对今日文坛红包派发、商业操作的见多不怪的吹捧文章，这样的文字，几成绝响。

看他批评钱锺书："一向就好炫才。"说钱虽才气为多数人望尘莫及，但给读者"最深的印象却是'虚矫'和'狂傲'"。他批评萧乾的《人生采访》文字修饰功夫"总嫌他不够扎实"。他批评师陀的《果园城》"精神变了质"："失败的症结不在于讽刺或谴责，而在于过分夸张——讽刺成了谩骂，谴责成了攻讦。"他批评巴金的《还魂草》拖泥带水，牵强生硬，"一百多页的文字终难免有铺陈敷衍之嫌"。

就是自己的老师，他的批评一样不留情面，敢于指手画脚。比如对沈从文的《湘西》等篇，他说道："格局狭隘一点，气象不够巍峨。""作者的笔总还及不上柳子厚的山水记那样遒劲，更无论格古清新的《水经注》了。"对于废名，他直陈不喜欢《桃园》，因为"没有把道载好"，"即以'道'的本身论，也单纯得那么脆弱，非'浅'即'俗'"。

这让我禁不住想起法国音乐家德彪西。今年，是小如先生90岁寿，是德彪西诞辰150周年。两位年龄相差整60岁一个甲子的人，直率的性格以及对待艺术的态度，竟然如出一辙，遥相呼应一般，相似得互为镜像。

年轻时的德彪西，一样的指点江山，激扬文字，粪土当年万户侯。他说贝多芬的音乐只是"黑加白的配方"；他说莫扎特只是"可以偶尔一听的古董"；他说勃拉姆斯"太陈旧，毫无新意"; 他说柴可夫斯基的"伤感太幼稚浅薄"; 而在他前面曾经辉煌一世的瓦格纳, 他认为不过是"多色油灰的均匀涂抹", 嘲讽他的音乐"犹如披着沉重的铁甲迈着一摇一摆的鹅步"; 而在他之后的理查·施特劳斯, 他则认为是"逼真自然主义的庸俗模仿"; 对比他年长几岁的格里格, 他更是不屑一顾地讥讽格里格的音乐纤弱不过是"塞进雪花粉红色的甜品"……他口出狂言, 雨打芭蕉, 几乎横扫一大片, 肆意地颠覆着以往的一切, 他甚至这样口出狂言道:"贝多芬之后的交响曲, 未免都是多此一举。""过去的尘土不那么受人尊重的!"

有意思的是, 无论小如先生, 还是德彪西, 这样直率甚至尖刻的批评, 当时并没有惹得那些已经逝去的大师们的拥护者, 和依然健在被批评者的火冒三丈, 或是急不可耐的反批评, 或者带有嘲笑的口吻说其"愤青"一言以蔽之。这种对于年轻人的宽容, 既体现了那些学人作家与艺术家的宅心宽厚, 也说明那时的文化氛围, 如当时的大气与河流少受污染。这是一种文化的生态环境, 在这样的环境中, 作家、艺术家与批评家, 万类霜天竞自由, 才能够一起相得益彰地成长。

于是, 就像小如先生年轻时以那样对前辈与老师直率的批评, 和对艺术与学问的真诚态度, 步入他以后长达半个多世纪之久的学问之门, 德彪西也是这样, 打着"印象派"大旗, 以其革新的精神, 创造了欧洲以往从来没有属于他自己的音乐语言。在他32岁时创作出《牧神的午后》时, 法国当代著名作曲家皮埃尔·布列兹(P. Boulez), 就曾经高度评价并预示:"正像现

代诗歌无疑扎根于波特莱尔的一些诗歌,现代音乐是被德彪西的《牧神的午后》唤醒的。"

说起那些少作,小如先生说自己是"天真淳朴的锐气"。燕祥说他是"世故不多,历来如此"。天真和世故,是人生与学问坐标系中对应的两极。我想,这应该就是小如先生的老师朱自清所说过的那种"没有层叠的历史所造成的单纯"吧。学者也好,文人也罢,如今这种单纯已经越发稀薄,而世故却随历史的层叠,尘埋网封,如老茧日渐磨厚磨钝。自然,如小如先生和德彪西年轻时的那种"天真淳朴的锐气",也就早已经刀枪入库,只成为了可以迎风怀想的老照片。

但是,我一直以为,小如先生也好,德彪西也罢,他们年轻时的那种"天真淳朴的锐气",其实更是一种如今文坛和学界所匮乏的精神。有了这种精神存在,文人之文,学者之学,才有筋骨,也才有世俗所遮蔽下独出机杼的发现和富于活力的发展。

小如先生曾经说过这样的一段话:"再有些人,虽说一知半解,却抱了收藏名人字画的态度,对学问和艺术,总是欠郑重或忠实。"对于今天的学术、艺术,或作家与作品,这段话依然有警醒的意义。对待上述的一切,我们很多时候确实是"抱着收藏名人字画的态度",有些谦卑,有些妄想,有些世故,有些揣在自己心里的小九九,便有些欲言又止,有些王顾左右而言他,有些违心的过年话,有些成心的奉承话,甚至有些膝盖发软,有些仰人鼻息,只是没有一点脸红。

一出戏怎么看（一）

—— 观后感写作中的联想

看戏看电影看电视或看其他艺术形式的演出，已经成为我们现代生活的一部分。无论老师布置不布置作业，关于这方面的观后感，成为了学习和爱好写作的同学的一门必修课。观后感写作的意义，不仅在于写作本身，更在于艺术的滋养和熏陶以及鉴赏能力的培养，对于我们自身成长的作用，是非常需要和重要的。所以，无论现在我作为作者对自己，还是当年我作为一名教师对学生，观后感的训练，都是极其必要的一课。

如何写好观后感？在我看来，观后感，比读后感更难写一些。因为写读后感，书是摆在那里的，读一遍不行，可以再读一遍，写的时候，还可以把书放在身边，随手再翻一遍。写观后感不行，戏之类的任何演出，都是一次性，即时性的，转瞬即过，一般而言（除非买回录像的碟片），不可像书一样重新翻页的。因此，观后感的写作，要求我们要更具敏感性和时过境迁之后的反刍能力。所谓敏感，是指能够在观赏艺术演出时迅速捕捉到演出那灵光一闪的能力；反刍，是指事后对演出由此及彼的反思的能力。这样两种能力的要求，无形中让观后感

的写作难度加大，却也让观后感的写作充满挑战的乐趣。

以我看京剧《四郎探母》为例，谈谈观后感写作的一种方法。

这是一出经典老戏，以前也是一出禁戏。戏的情节并不复杂，说杨四郎从番邦敌营里返回故国故乡探望妻儿老母的故事。一天一夜之间，就完成了一出大戏的构架。这出戏的惊心动魄之处，不在于外部情节的起伏跌宕，更在于内心的波澜动荡，这便是被俘之后娶了番邦的铁镜公主并生下了孩子的杨四郎，此番回家探母，该如何面对家中的老母以及自己的发妻和孩子。可是思乡之情迫使他偏要回家探望不可。这种客观的困境和内心的磨折，双重压迫着杨四郎，也让这种压迫感波及四周其他与他相关的人，让戏充满张力。戏好看就在这里。观后感难写，也在这里。

如果仅仅就戏说戏，说说杨四郎的困境和内心，讲讲自古以来中华民族的忠孝节义，很容易使得观后感一般化。我不想落入窠臼之中，便选用了一种简便易行的方法，便是我们常用的联想。

看完这出戏，我非常感动，却一时无从下笔。谈论戏的结构和演唱艺术，不是我所长，毕竟我是京剧的外行，只是一个普通的观众。于是，我想到了现实的生活，在时代的变迁和社会动荡之中，凡人百姓中不少人有着和杨四郎一样的命运，面对一样的命运的磨折。一个是粉碎"四人帮"后，一些当年被错打成右派或反革命的人，重回故里，重新面对他们的亲人的现实。一个是台湾海峡开禁，台湾老兵在垂垂老矣的时候，重回故里，见到阔别多年的亲人的现实。这两种现实，和四郎探母所面对的现实差不多，他们和杨四郎一样，囿于政治斗争或战争的原因，在他乡都已经无奈娶妻生子，该如何面对以前的妻儿老母？现实生活中和戏里如此惊人的相似，让我的心格外震动，让我的心里涌出人生如戏、戏如人生的感喟。我越发感慨这出戏，惊叹这出戏，难忘这出戏，便也越发有写这篇观后感的冲动。

这样的联想，帮助了我这篇文章的写作。也就是说，如果没有这样两方面的联想，这篇文章无从下笔。可以看出，有时候，联想的作用是非常大的。联想，不只是常常运用在记叙文的写作中，同时也可以在论说文中一展身手。

尽管这篇文章前面有很长一段我自己看京戏的经历，后面有一大段《四郎探母》演出历史的回顾，和广和楼的戏联与文章题目的呼应，但是，这些都不是文章的主要部分，而这样两方面的联想，却是文章的核心部分。有了这样两方面的联想，便打通现实和戏两界，所谓戏剧小舞台，人生大舞台。观后感的"感"便油然而生，文章自然也就水到渠成，好写了许多。

"好戏便好在它具有浓缩历史与人生的永恒故事和主题的本事。可以说，《四郎探母》是一面镜子，照见了历史，也照见了现实；照见了人情，也照见了人性；照见了忠孝，也照见了节义。"这是文章中所写的一段话，便是观后感的"感"的核心。而这样的"感"，是由这样两方面的联想得来的。如果

没有这样两方面的联想,"感"就无从谈起,更无法延伸和深入。可以设想一下,如果没有这样两方面的联想,只是就戏说戏,文章就会显得很空洞,即使把杨四郎、铁镜公主、高堂老母和死守活寡十五年的发妻写得再详细具体,很可能只是戏的内容介绍而已,而没有了真正发自内心且立足现实的"感"。

联想,是一种好方法。同学们在语文课中早就学习过这样的方法,并不新鲜,也并不难学。需要注意的是,联想不是凭空瞎想,而是要在日常生活中加强对现实的关注。和知识一样,联想也需要积累,对日常生活的点滴关注,就是积累,积累得越多,运用起来就越会得心应手,这在论说文的写作中,会显得尤其重要。

附录:

千古忠孝节与义
——京剧《四郎探母》谈

说起我看京戏的经历,真是十分的好笑。小学三四年级的时候,我们班一位同学的父亲,是个工程师,爱好京剧,是个票友,自己张罗演出一场京戏,叫做《四进士》,他出演其中的毛朋。同学送我一张票,邀请我去看他父亲的演出。演出的地点在广和剧场，离我家很近，便去了。那是我第一次看京戏。发现舞台上除了几张桌子椅子，什么也没有，连起码的布景都没有，光听他父亲一个人哼哼唧唧地唱，唱半天也没有唱完一句词，听得真的不耐烦，没看多一会儿，竟然睡着了。从此，对京戏不再感冒，一向敬而远之。后来，读中央戏剧学院，教授我们古代戏曲史的祝肇年教授，在讲《西厢记》时问我们是否看过这出戏，看大家和我一样无言以对，便不无讽刺地说，很多人不都说看过《西厢记》吗？看过，看过小人书。对于京剧，我就属于祝先生说的"小人书"水平。

再次走进京戏的剧场，是几十年后，上个世纪90年代末，真是已经非常晚了。那还是朋友送我的一张长安戏院的票，演出的是几出折子戏，其中一出《秋江》，令我叹为观止，那种无实物的虚拟化表演，将一对父女在江上摇船划桨颠簸荡漾的情景，表现得那样惟妙惟肖，那样出神入化。在戏剧学院读书时看过表演系的表演课，那种无实物表演是最难的，需要对生活的仔细观察，需要对艺术千锤百炼的传统的积淀和提炼。想起以往对京戏的轻薄，很为自己如此的浅薄无知而感到惭愧。从那以后，我成为了长安戏院的常客，常常提前到那里买好戏票，一出一出的戏连着看，给自己补课。

越看越爱看，越觉得自己对京戏一无所知，越觉得京戏博大精深，是现在有些稀汤寡水却只会添加味精的话剧无法匹敌的。我最爱看的是全本戏，发现我们的先辈不仅戏演得精彩，唱得精彩，剧本千锤百炼，跌宕起伏，气脉贯通，让人佩服，有些大戏

编得一点不比莎士比亚差。

比如，《四郎探母》就是其中的一出。

《四郎探母》，以前是禁戏，批判它阶级调和，美化叛徒。在以往以阶级斗争为纲的教育模式和历史观下，杨四郎被俘之后为番邦挎刀打仗，还娶了番邦的铁镜公主为妻，生下了孩子，不是叛徒是什么？但是，看完全戏之后，我在想，这出戏的妙处，便是把杨四郎推向了这样一个绝境之中，在这样的背景中出场的杨四郎，光环褪去，不再是杨家将似的英雄，而是和普通人一样有思念乡土家庭和亲人的感情，而且，随着分别的日子的加长，这种思念之情愈发的加深而难以抑制。杨四郎的探母，便不是一般的探母，他必须面对自己所处的这种困境。而这种困境并不是他自己造成，自己所能解脱的，是战争将人情和人性无情地摆弄和摧残，即便是英雄也无能为力。无能为力，却偏偏要努力如小草挤出重压之下的磐石的石缝间。

这便是这出戏的好看之处。它不是一般的儿女情长，男欢女爱，乃至肌肤之亲的情欲粉戏，而是要看人性的挣扎，内心的坦露，残酷现实的面对。所以，我看这出戏，不怎么在意"坐宫"一折那段经典的"对唷"的精彩对唱，不在意那一声"叫小番"惊心动魄的翻山越岭的高调门。我在意的是，杨四郎此一番与众不同的探母，面对的不是一位高堂老母，而是要面对众多的人怀疑、隔膜乃至敌视的眼睛，面对更多世味情势的考验和折磨。在必须要面对舆论和世人面前的忠孝节义拷问的同时，还要面对自己的情感和内心真实而残酷的逼问。不说别的，只看这样两位女

人，一个是已经为他生子并深爱他的现在的妻子铁镜公主，一个是在家乡辛苦劳作为他死守活寡十五年眼巴巴等候他归来的发妻，他该如何面对？为什么如此难以面对，杨四郎还要知难而进去面对？这就是千古不变的忠孝与节义，人情与人性。《四郎探母》书写的是这样一个恒大的主题，演绎的是这样一个曲折的叙事主调。这里虽没有金戈铁马之中的英雄那种断株追日、煎饼补天的壮烈，却有着更为深入的内心咬噬和内心的惨烈。这样的主题和叙事主调，不仅编写在戏的人物与情节之中，更编写在中国传统的文化结构之中，成为古典戏曲和文化遗产的一部分，为我们今天所能够共享。虽然，戏的最后是以喜剧的方式结尾，但它触及的却是一个悲剧的内核。戏好就好在这里。它以喜剧的外壳包裹着一颗悲剧的心，这恰恰是吻合中国观众审美习惯与基准的中国戏曲传统的艺术形式。

　　看这出戏，让我想起两方面的现实。一个是粉碎"四人帮"后，那些因被打成右派或反革命的人，重回故里，面对他们亲人的现实。一个是台湾海峡开禁，台湾老兵在垂垂老矣的时候，重回故里，见到阔别多年的亲人的现实。这两种现实，都和《四郎探母》中杨四郎所面对的现实差不多。无论出于政治斗争，还是战争，这些无辜的人都和杨四郎一样，成为命运无奈的牺牲品。人在强悍的命运面前，都是极其渺小的，人生的悲剧性，便在于在这样无法预测与扭转的处境中的困兽犹斗和无可奈何。当他们像杨四郎一样，熬过了许多常人无法想象的艰辛的日子，终于可以和他们的亲人见面了，却要面对残酷的政治斗争或战争带来的

痛苦而扭曲的现实。政治斗争和战争把无法治愈的痛苦和后遗症，无情地压在他们的头顶和心头。其中他们必须面对的痛苦的现实，便是和杨四郎一样，在他们被打成右派或反革命发配在异乡时，或在内战的裹挟下，他们抛妻撇母离开大陆蜗居台湾眷村时，无法预测的时局，漫长的时间颠簸，让他们也都重新娶妻生子。他们家乡的妻子，在命运的拨弄下，或者如杨四郎的发妻一样苦苦守活寡，或者无可奈何地另嫁他人，带着他们的孩子投奔新家，让孩子管另一个陌生的男人叫父亲。在刚刚粉碎"四人帮"，和刚刚台海解禁台湾老兵可以回大陆探亲的时候，这样惨烈的现实，不是一件两件，所谓悲欢离合一杯酒，南北东西万里程；所谓凄凉故里逢春处，忠愤孤臣许国心，其中所演绎的悲情故事，不比《四郎探母》弱。

这是我极其佩服《四郎探母》这出大戏的最重要原因。一出戏，百年之后，还能够上演，而且，和现实还有着如此密切的关联，实在是了不起的戏。最初写和最初演这出戏的人，不会预测百年之后发生在神州大地和杨四郎类似的悲剧，但好戏便好在它具有浓缩历史与人生的永恒故事和主题的本事。可以说，《四郎探母》是一面镜子，照见了历史，也照见了现实；照见了人情，也照见了人性；照见了忠孝，也照见了节义。

据说，《四郎探母》这出戏最精彩的演出，有这样两场：一在1947年上海天蟾戏院，一在1956年中山公园音乐堂。那两场演出，集中了当时如梅兰芳、周信芳、姜妙香、马连良、李少春、萧长华等一代名宿，可谓空前绝后。之所以有这样多名角荟萃在这样一出戏中，足见这出戏的分量，大家对这出戏的看重。可惜，年龄关系，这样的盛况，未能亲眼目睹，但在想象中，也为之感喟和向往。我看的是北京京剧团的演出，张建峰的杨四郎，王蓉蓉的铁镜公主。因为不懂戏的唱腔，无从和他们的先辈比较，不知道他们演唱得如何。只是感到整出戏还是格外荡气回肠，曾向很多朋友推荐。

当年广和楼戏台前，曾经有这样一副戏联：

学君臣，学父子，学夫妇，学朋友，汇千古忠孝节义，
重重演来，漫道逢场作戏；
或富贵，或贫贱，或喜怒，或哀乐，将一时悲欢离合，
细细看来，管教拍案惊奇。

这副对联，或许真可以是对《四郎探母》这出戏的概括。上半联说的是杨四郎面对君臣、老母、妻子、朋友，如何讲千古忠孝节义；下半联说的是杨四郎面对命运所带来的悲欢离合，该如何处置。当然，杨四郎也可以是其他人，甚至是我们自己。

一出戏怎么看（二）

—— 观后感写作中的引用

看戏，一般我会看重戏的有意思和有意义的两个方面。有意思，属于戏的艺术性方面；有意义，属于戏的思想性方面。将这两个方面一起来谈，是如今观后感常用的方法。报纸杂志这样写，我们的同学也常常这样依样画葫芦。其实，这样的观后感写法，面面俱到，却往往容易面面不到，受篇幅的限制，只能点到为止，容易流于浮泛。

我写观后感，一般不采取这样的方法，而常常只抓一点而放开其余，目的就是为了集中好写。这里，我举例《到底谁有病》，来探讨一下这样写作观后感是不是真的容易好写，这样的观后感又该怎样去写。

《到底谁有病》这则观后感，集中一点，写的是话剧《鸟人》的思想意义。一般而言，谈思想意义，不如谈艺术特点那样生动，而容易枯燥呆板。谈艺术，总是感性的，多少好谈些，你看到戏中哪里有趣好看，为什么有趣好看就可以了。谈思想，总是理性的、抽象的，总结出一点来，说几句话，不难，展开来，说深，说准，说得让人信服并会心会意，就要稍微难些。因为，这样的观后感，不能如我们的语文课总结中心思想那样，概括为几句话就可以了。要想把这样的观后感写好，必须要和论说文的写作一样，逐渐展开，要有层次，一步步，回环交流，最后达到你论述的高潮。那么，该怎么样找到这样的层次，又如何在这样的层次中表达自己论述的观点和技巧，这是这种观后感写作的难处。

这则观后感第一段也写了《鸟人》的艺术表现特点，但只是一笔带过，因为这只是文章的引子，不是主要的地方。主要的地方，在于第二段和第三段，提出了问题：到底谁有病？是养鸟的鸟人们有病，还是要给这些鸟人治病的海龟心理医师丁保罗有病？这也就是我们常说的论说文的论点的设置。

在戏中，这是一组对立的带有强烈戏剧性的人物关系。在我的观后感中，要从这一组人物关系解析出问题，从而解读出这出戏的思想意义。问题就在于怎么样解决：从负有情节推动作用的戏剧人物关系，到思想意义载体的人物关系的解读？这样的解读过程，就是观后感的写作过程，具体讲，也就是从戏剧化到抽象化的过程，从戏的人物情节到思想意义的过程。

首先，不能忽略戏剧性的人物关系，一上来就论说自己设置的主旨，那样就会使得文章枯燥，没有看过戏的读者也不容易读明白。所以，我简单地引用了一下戏中的情节，主要是最后粉墨登场的包龙图坐堂审问丁保罗的一场戏。然后，才真正展开对谁有病这一思想性的论述，也就是观后感的真正的"感"。

这个"感",我是从这样几个层次表述的:一从包龙图坐堂审问丁保罗,以大国心态棒打并战胜了海龟丁保罗,但他们只是指出你丁保罗说我们有病,你也有病,并没有反驳出丁保罗指出他们有病是错误的。二是引用了罗素和朱光潜的文章,呼应第一层次,并进一步论说到底谁有病。三是现实生活始终没有解决"五四"时期就提出的到底谁有病这一问题,《鸟人》不过是又回到了初始的起点。四是重提鲁迅先生对国民性批判的历史。五是总结《鸟人》的思想意义所在,它表达了一个世纪以来中国社会和民众以及中国知识分子对这一话题关注思考的价值与意义。

可以看出,在论述《鸟人》思想意义的这五个层次中,两处是引用,一处引罗素和朱光潜,一处引鲁迅;其余两处都是缘于《鸟人》本身,一处是总结。这样的好处,在于没有脱离话剧本身,又能够不囿于话剧本身,在跳进跳出中,让引用的材料与剧情相互辉映,让文章既能表达自己的思想,又稍微活泼好读些。

在这里,我认为,引用的作用是至关重要的。借助引用,加强论述的说服力和理论性。可以设想,如果缺少了这样两段引用,这则观后感的说服力就会大大减弱,同时,也会使得文章少了许多灵动性和可看性。在我具体的写作中,其他的部分并不难写,难写的是这两段引用材料的寻找和获取,颇费一番工夫,翻阅查找了很多材料,请教了一些人。但是,写作的过程,常常是你付出了多少,就会收获多少。

当然，这样的观后感写作，显然比一般的观后感难度要大一些。不过，高年级的同学完全可以做到。做到这一点的前提，是需要下气力做好功课，便是多读一些书，多翻阅查找一些材料，多请教一些人，多下一些功夫。

附录：

到底谁有病
——话剧《鸟人》观后

北京人艺复排的话剧《鸟人》，无论放在初演时的16年前看，还是现在来看，都是一出雄心勃勃的戏。在荒诞的戏剧框架里，雕刻有真实生活的肌理；在机智幽默的人物对话里，弥散着现代意识的解剖与透视；在民间和传统艺术形式的借用中，杂糅着对话剧这一形式心有不甘的改造与颠覆的痕迹。尽管三幕戏依然可以明显看出老舍《茶馆》的影子，但它不再是叙述年代、勾勒人物，而是演绎一种对生活的态度和观念，从写实转向写意，乃至有些许哲学意味的抽象了。

这便是《鸟人》前后两次演出最惹人眼目的地方吧？因为它触及了一个宏大而深刻的主题：我们有没有病？到底谁有病？

在《鸟人》里，从海外归来的"海龟"——心理医师丁保罗

认定养鸟的鸟人们有病,而以三爷为首的鸟人们,虽然生存背景和文化背景不尽相同,但他们却不约而同地一致认为"海龟"丁保罗才有病,而且,最后找到的是不堪入目的窥淫病。于是,水到渠成才有了最后粉墨登场的包龙图坐堂审问丁保罗的一场戏,以极具娱乐性的演出,成就了全剧的高潮。

尽管这场重头戏处理得有些漫画化,却极真实地描摹出了大众和知识分子、草根与精英、中国与西方、鸟人与海龟的心理矛盾纠结、隔膜乃至对立,以荒诞的形式,触及了我们生活中某些真实的部分。在戏的审判中,看似包龙图和三爷以至全体鸟人,以大国心态棒打并战胜了"海龟"丁保罗,但他们只是指出你丁保罗说我们有病,其实你也有病,并没有反驳出丁保罗指出他们有病是错误的这一最为关键之处。

这一点,让我想起上个世纪40年代朱光潜先生写过的《谈修养》中的一篇文章。当时,罗素写了《中国问题》,批评我们民族性格的三个弱点:贪污、怯弱和残忍,亦即指出我们的病。朱先生是看了罗素的文章心里不舒服,想说"你们西方人究竟好得几多呢?"也就是我们鸟人反驳丁保罗的你不是也有病吗?只不过,角色有所变化,那时的外国人罗素,今天换成了"海龟"丁保罗。和《鸟人》三爷没有否定出丁保罗指出鸟人有病是错的一样,朱先生的分析,到最后也并没有讳疾忌医说罗素指出我们的病是不对的。

指出这一点,是非常有意思的。我们承认不承认我们自己有病?这个病因与病灶,又是谁指出的?——我们自己,还是罗

素，或者"海龟"丁保罗？这两者有什么区别吗？为什么别人指出的，鸟人们就那么不自在，而且要用一种唱戏审问的特殊方式，来进行对于"海龟"的反驳和指斥？

《鸟人》这部戏有意思就在这里。

我们到底有没有病，是一则既属于当代也属于现代的命题。在粉碎"四人帮"之后的新时期，即上个世纪的70年代末和80年代，在我们的文艺创作中，不少作品将这一命题重新提起，衔接着上一代的思路，承载着前辈的精神。这是因为在这个新时期，我们面临不可回避而亟待解决的问题，首先会冲撞在敏感的文化人的心中：为什么十年动乱让民族走向了崩溃的边缘，我们的民族和国家如何才能复兴和崛起？这和一个世纪之前，五四新文化运动时期面临的问题几乎如出一辙，那时候，中国新文化运动的先驱充斥在胸的，是我们的民族为什么如此落后，怎样才能使得中华巨龙腾飞？也就是说，近一个世纪以来，这几乎同样的问题，或者说是有着前车与后辙的根须连接的问题，为什么始终没有得到解决，始终困惑在人们的心头？这几乎是中国人心头一个结。于是，两代文化人所思考的问题殊途同归，《鸟人》从当下，回到了初始的起点。

这个初始的起点，在"五四"时期就被内化了西方思想的一批中国知识分子一再提出而诘问社会，当年鲁迅先生就是其中的代表之一。鲁迅先生就是看到了史密斯的著作《中国人的气质》，从西方思想界借来了思想武器，来进行民族的批判和自省。鲁迅先生认同史密斯所分析的关于中国人残忍、好面子等

性格，从而写出一批犀利的文章，解剖中国国民的劣根性，成为"五四"时期最富思想性的文字，深刻触及我们国民性中的文化原因和精神原因。进入新时期以来，我们一再回到鲁迅先生的起点处，重拾起鲁迅先生给予我们的批判的思想武器，企图寻找到疗治中国民族性疾病的药方，让民族得以从性格到思想的复兴与振兴。

我们的话剧舞台上，这些年来，浅表层、近距离描摹生活的很多，重排经典老戏的很多，真正富有思想性的现代戏并不多。《鸟人》是一部有思想性的戏，因为这触及了一个永恒的话题。也就是说，谁有病，有什么病，这个话题贯穿了一个世纪以来中国社会和民众的心灵，也贯穿在了中国知识分子的思考与命运之中，一直到现在还缠绕在我们的心里，挥之不去。

《鸟人》特别有意思的是，将这一国民性的思考延续到我们的经济得到极大发展、国家地位得到极大提升的新时代，以极其强烈夸张和荒诞的戏剧形式，让鸟人们痛快淋漓棒打丁保罗而格外彰显膨胀了的大国心态为高潮，甚至是收场。有意思就在这里，鸟人们棒打丁保罗是棒打了，淋漓痛快的解气是解气了，其实并没有反驳"海龟"所指出的病的问题，但再有病，也不能由你"海龟"说。其实，这还是史密斯说的中国人的面子问题，还是鲁迅先生说的瞒和骗的问题。想一想，鲁迅先生也是一个"海龟"呢。我们今天如何看待鲁迅先生的呢？这样一想，丁保罗这个人物的设置就非常有意思，他可以说是一个符号，植根于历史，游走于现实，他和鸟人们关于有病和治病的问题而引发的冲突，便不仅仅是戏剧冲突，而具有深刻的反讽意义。鸟人们对于丁保罗的反驳乃至棒打，便再一次深刻地揭示了鲁迅先生关于国民性的思考的价值，这一价值不仅仅在于时代的延续性，也在于时间的漫长性。它真的成了我们的一个痛和痒，我们自己够不着那个痛处和痒处，又不让别人帮我们挠或搽一下药。对于国民性，《鸟人》再一次有胆有识地重新提起，是值得称道的。

开门见山和迂回法

——文章的开头

在我看来，文章的开头，最好是开门见山，不要绕弯兜圈子，说一些云山雾罩的多余的话。但是，我们很多同学甚至一些老师，不喜欢这样开门见山的开头，觉得没有什么文采。有时候，我也会想，总是开门见山，简单倒是简单了，却确实也容易作法雷同，审美疲劳，很难吸引自己，也很难吸引他人。

那么，还有什么方法吗？这里举两个例子，试探他法。

一个是《花布和苹果》。这是一篇童年往事，写我住的大院里，曾经有过一对恩爱夫妻。他们之间发生的故事，最让我难忘的是一个细节，丈夫为妻子削苹果的方法与众不同，他每次削下的苹果皮，都是完完全全地连在一起，弯弯曲曲地从苹果上一圈圈地垂落下来，像是飘曳着一条长长的红丝带。而且，这样削苹果的绝技，从年轻的时候一直到老，都是这样始终如一，一直到他的妻子去世之际。无论花好月圆的时候，还是生活遇到波折乃至妻子患病垂危的时候，丈夫都是坚持为妻子这样削苹果。说实在的，什么事情，能够如此坚持一辈子，都是非常不简单的，令人值得敬佩的。

这个苹果的故事，一直在我的脑海里盘旋，很多年以来，一直都想把它写出来，但我一直没有舍得下笔。我不愿意照本宣科一样把这件事随便地说出来，我觉得轻易的笔触会亵渎了这一对老夫妻一生那美好而难得的情愫。我希望能够找到一个更合适同时更文学的方式，再现并抒发如今稀薄难再的美好浪漫的情愫。那一个红苹果，对于我而言，始终是一幅画面，是一个富有诗意的象征。

只是，我一直没有找到更为合适同时更为文学化的表达方式。

一直到有一天，我偶然之间读到了一首描写花布的短诗。这首诗，写花布的一生，有簇新鲜艳的时候，也有颜色褪尽最后变成抹布的时候。爱上花布是容易的，始终如一爱花布的一生，是不容易的。这首拟人化并带有象征色彩的诗触动了我，电闪一般，立刻照亮了我记忆中的那个红苹果。

我想，如果说爱上花布是容易的，始终如一爱花布的一生是不容易的话，那么，始终如一能够为自己的爱人削苹果，而且把苹果皮削得一直都完完全全地连在一起，弯弯曲曲地垂落下来，像是飘曳着一条长长的红丝带，就更不容易了。当我想到了这一点，我觉得积蓄在心头那么多年的关于红苹果的故事可以动笔了。因为我找到了和苹果相辉映的对应物，即花布。它们两者之间的比对，比单纯写苹果要多了很多的说辞和联想以及感慨，一对恩爱一生的老夫妻之间的感情，便不会只是削苹果一样的简单，而充满更为丰富尤其是人生中艰难困苦的内

容,那便是我在文章最后说的:"对于爱情和人生,花布从鲜艳的布料到抹布的一生,如果像是散文,象征着现实主义的话,那么,苹果始终如一能够将皮削成一条长长不断线的红丝带,则像是诗,象征着浪漫主义了。我们需要向花布示爱,更需要向苹果致敬。"可以说,这段带有总结意味的话,完全是从那首诗中延伸而来的。

于是,文章的开头,自然选用了那首写花布的诗。它是文章的向导,是苹果的隐身。文章中心是写苹果,却没有先急忙着墨于苹果,而是先说花布,便会使读者想到为什么先说花布呢?苹果到底是怎么回事呢?增添一些文章的可看性。可以使得文章的开头有了一些变化。我们的同学可以试一下这样的方法,就是王顾左右而言他,就是迂回法,如同双人花样滑冰中,先滑一个狐步,再将你心中重要的地方,像托举你的舞伴一样托举出来。

再举一个例子:《树的敬畏》。这篇文章,用的也是迂回法,所不同的是,《花布和苹果》以诗作为引线来迂回,而《树的敬畏》用的是中外古代的故事。迂回的载体不同,目的都是一样的,为的是引出文章的中心,让这个中心在这样的中外古代故事的背景中出现,相互对比得更有力,更有意义。

这篇文章的中心,是我们如今很多城市为了招商引资或拓展旅游,而疯狂去找古树移古树的现实。如果只是针对这种对古树破坏的现实来写,就容易就事论事,流于一般的愤慨,批判几句了事,文章便会显得简单,说服力不强,而无法使得文章进一步走向深入，让人透过现象的本身引发更多的思考。可以看出，所谓的迂回法，不是故意为之，去和读者兜圈子，以显示文章作法的巧妙，而是为了文章的深入以及论说层次的丰富。

这篇文章，和《花布和苹果》所用的迂回法，除了引线不同，还有一点不同的是，前者用的是单一的一首诗，后者用的是古罗马的哲学家奥古斯丁和诗人奥维德，中国古代奸臣严嵩、药王孙思邈，以及黄帝和古书相关联等几则中外古代的故事。之所以没有选择一件事而是多件，是希望这样做，会达到列阵排兵式的气势，增加文章开头的力量。显然，在这篇更具论述性的文章里，一首诗或一件事，就达不到这样的效果。迂回法，可以单兵作业，也可以整体出击。

文章的开头，应该有多种作法，迂回法只是其中一种，而且是根据文章内容和体裁的需要而采用的方法。不同的内容，不同的体裁，适用不同的方法。不过，如果一时找不到更合适更好的方法，就像我开头所讲的，开门见山就是最好最方便的方法，我的很多文章用的都是这样开门见山的方法。有时候，这不见得就是退而求其次的无奈，而是一种简便易行而且合适的法子，不要不分青红皂白，什么开头都要出奇制胜。人为做作的开头，还不如开门见山，就如同浓妆艳抹，还不如素面朝天。

附录：

花布和苹果

那天开会的时候，随手翻看邻座带来的一本书，看见里面有一首题名为《一块花布》的短诗，作者叫代薇，我没有听说过，但诗写得很有意思。她说如果你爱上一块花布，"还必须爱上日后：它褪掉的颜色，撕碎的声音。花布的一生，除了洗净和晾干，还有左边的灰尘，右边的抹布"。

我明白，花布就是人，而且应该是女人。花布颜色鲜艳的时候，正是女人沉鱼落雁、闭月羞花的最佳状态，一般容易讨得男人的爱。但当花布的颜色褪尽，在日复一日一次次的洗净晾干之后，最后落满灰尘，变成抹布的时候，男人还能不能坚持最初的爱，就难说了。随手把抹布抛进垃圾箱，然后另寻一块新的花布，是如今一些男人司空见惯的选择。

我想起童年住过的大院里，曾经有一对夫妇，男的是一位工程师，女的是一位中学老师。他们刚刚搬进我们大院里来的时候，也就三十来岁，我那时候还没有上小学，虽然懵懵懂懂不大懂事，但从全院街坊们齐刷刷惊艳的眼神中，看得出来，女教师非常漂亮，可以想象年轻的时候一定漂亮得更能夺人眼目。当然，男工程师也很英俊潇洒，他们属于那种天设一对地造一双的绝配，每天蝶双飞一样出入我们的大院，成为全院家长教育自己子女选择对象的课本。

那时候,最让全院街坊们羡慕而且叹为观止的是,女教师非常爱吃苹果。爱吃苹果并不是什么新奇的事,苹果谁不爱吃呀?关键是每次女的吃苹果的时候,男工程师都要坐在她的旁边亲自为她削苹果皮。削苹果皮,也不是什么新鲜的事,关键是每次削下的苹果皮,都是完完全全地连在一起,弯弯曲曲地从苹果上一圈圈地垂落下来,像是飘曳着一条长长的红丝带。这确实让街坊们惊讶。不仅惊讶男工程师削苹果皮的水平,也惊讶他有这样恒久的坚持,只要是削苹果,一定会出现这样红红的苹果皮长长不断的奇迹。每一次,街坊们从他们夫妇家中宽敞明亮的玻璃窗前看到这温馨的一幕时,总能够看到女的眼睛不是望着苹果,而是望着丈夫,静静地等待着,仿佛那是一场精彩的演出,最好总不落幕才好。街坊们总会说,这样漂亮的女人,就应该享受这样的待遇。

我中学毕业的时候,这一对夫妇五十多岁了。那一年开春的时候,倒春寒,突然下了一场雪,雪后的街道上结了冰,女教师骑车到学校上课,躲一辆公共汽车,路太滑,摔倒在冰面上,左腿摔断了骨头。一个来月以后,从医院里出来,腿上还打着石膏。是男工程师抱着她走进我们的大院,我们的大院很深,一路上,他们的身上便落有一院人的目光,和男工程师脸上淌满的汗珠一起闪闪发光。

那一年的夏天,她的腿还没有完全好,伤筋动骨一百天嘛,"文化大革命"来了,她教的那些中学生闯进我们的大院,硬是

把她揪到学校去批斗。等她狼狈不堪地从学校回来，她的那条还没有伤愈的左腿坏得更厉害了。"文化大革命"结束了，她的这条腿彻底变得残疾了。每天再看到她的时候，都是她的丈夫在搀扶着她出出进进。她一下子苍老得那样的厉害，当年漂亮的模样仿佛被风吹尽，再也看不出来了。

他们夫妇有两个孩子，都和我一样前后脚到农村插队，等他们和我一样从农村插队回到北京的时候，他们夫妇已经是快七十的人了。那时，她已经患上了肝癌，她和她的那两个孩子都还不知道，知道的只有她的丈夫。

那时候，北京城里的苹果并不像现在什么时候都有，只有到秋天苹果上市的时才能够买到。而且，那时，也没有现在红星、富士或美国蛇果那样多的品种，只有国光和红香蕉几个品种。因此，每年秋天苹果上市的时候，我们常常能够看到她家的玻璃窗前那熟悉的一幕，男工程师为她削苹果，她瘦削得有些脱形，还是如以前那样静静地坐在旁边，望着自己的丈夫。只有这一幕重复的场景，仿佛时光倒流，让街坊们又能够想起当年她那年轻漂亮的模样。可谁知道她已经是病入膏肓的人了呢？

细心的街坊看出，男工程师削的苹果，一定是红香蕉，这没什么可奇怪的，这种苹果比国光的个儿大，颜色红，口感也甜，而且果肉比较绵软，适合老年人的牙口。男的手已经有些颤抖，这也没有什么可奇怪的，这是人老的原因。让人们奇怪的是，这么多年过去了，男的一直坚持给女的削苹果，更让人们奇怪的是，削下的苹果皮居然还是完完全全地连在一起，弯弯曲曲地从

开门见山和迂回法

苹果上一圈圈地垂落下来,像是飘曳着一条长长的红丝带。

女教师走得很安详,按照我国传统讲究的五福,即寿、富、康、德和善终,她的一生虽然算不上富贵、健康,也说不上长寿,却是占了德和善终两样,应该算是福气之人。送葬的那天,她以前在中学里曾经教过的很多学生来到她家里,向摆放在她家中她的遗照鞠躬致哀,有的学生甚至掉了眼泪。那天,我也去了她家,看见她的遗照前摆着两盘苹果,每盘四个,每个都削了皮,那皮都还是完完全全地连在一起,摆放在苹果的旁边,弯弯曲曲地垂落下来,像是飘曳着一条长长的红丝带。

因为读到了《一块花布》这首诗,让我想起了这段往事。

花布的一生,有簇新鲜艳的时候,也有颜色褪尽和声音撕碎的时候,也有在日常琐碎的日子里一次次的洗净晾干之后,最后落满灰尘,变成抹布的时候。爱上花布是容易的,始终如一爱花布的一生,如同始终如一能够为自己的爱人削苹果,而且把苹果皮削得一直都完完全全地连在一起,弯弯曲曲地垂落下来,像是飘曳着一条长长的红丝带,是不容易的。

想起这样的苹果,对照着《一块花布》这首诗,让我感到,对于爱情和人生,花布从鲜艳的布料到抹布的一生,如果像是散文,象征着现实主义的话,那么,苹果始终如一能够将皮削成一条长长不断线的红丝带,则像是诗,象征着浪漫主义了。我们需要向花布示爱,更需要向苹果致敬。

树 的 敬 畏

古罗马的哲学家奥古斯丁，羞愧于情欲的私缠而想跪拜在神的面前忏悔，他没有去到教堂的十字架前，而是跪倒在一棵无花果树下。

古罗马的诗人奥维德，在他的伟大诗篇《变形记》中所写的菲德勒和包喀斯那一对老夫妇，希望自己死后不要变成别的什么，只要变成守护神殿的两棵树，一棵橡树，一棵椴树。

在那遥远的时代里，树是那样的让人敬畏。

我国古代也不乏对树的敬畏之心和举动。北京孔庙中传说将奸臣严嵩的官帽刮掉的触奸柏；陕西黄帝陵前拥有千年生命的黄帝手植柏；药王孙思邈庙四周，相传是家中的女人为上山修庙的男人节省粮食而自己吞吃柏树籽，死后都变成那森森古柏，无一不充满着对树的敬重。明朝要在北京建都时到四川伐下的那参天大树，而奉之如神加以供奉，在修建北京的时候，皇帝便把这里当成堆放神树的地方，称之为神木厂（如今的花市大街），一样充满着敬畏之心。

如今，我们还有这样对树的敬畏之心吗？

也不能说真的一点也没有了。没听说不少的城市把远离百里千里之外的古树移栽到城里的事情吗？从而不少人从事着这样找树移树的中间商的工作。我们以为把古树请到城里来，就是一种对树的敬畏，好像它们再也不用在荒郊野外餐风饮露了，可以过上饭来张口衣来伸手的日子了。但是，纵使我们天天为它们浇水施肥，再加以护栏保护，它们很多很快还是死掉了。在我曾经去过的一个城市，他们把附近山林里生长的一种在恐龙时代就有的古老树种——桫椤树（我国二级保护植物），连根带土移栽在城里，精心伺候，结果是一样的，珍贵而美丽的桫椤树还是死掉了。

以为请来古树就会增加城市的文化与历史的厚重，以便招商引资或拓展旅游，本是一厢情愿的事情，是为了自己打算而不是为了树的利益。而那些疯狂去找树移树的人，不过像是以前为皇帝或富贵人家找妃子的一样，为了钱而不顾树的生命。

契诃夫在他的剧本《万尼亚舅舅》里，借工程师阿斯特罗夫的口，一再表达他自己的这种思想，即森林能够教会人们领悟美好的事物，森林是我们人类的美学老师。

契诃夫的后辈，巴乌斯托夫斯基在他的小说《森林的故事》里，将契诃夫这一思想阐释得更为淋漓尽致，他说："我们可以看到森林中淋漓尽致地表现了庄严的美丽和自然界的雄伟，那美丽和雄伟还带有几分神秘色彩。这给森林添上特别的魅力，在我们的森林深处产生着诗的真正的珠宝。" 他借用普希金的诗说森林是"我们严峻日子里的女友"。

也许，只有森林覆盖率达到百分之三十以上国家的人们，才会和森林有着那样密切的关系，才会对森林产生发自心底的向往和崇敬。森林很少而且越来越少的我们，离美也就越来越远。对

于森林，我们更看重的是它的实用价值，最好它被伐下木头直接变成了我们的房子和家具，乃至筷子和火柴。我们严峻日子里的女友，也就变成了灯红酒绿时分风情万种的女人。

在商业时代，在缺乏信仰的时代，树只是一种商品而不再是一种自然之神。我们再也不会将树称为神木，更不会跪倒在一棵树下，或希望自己死后变成一棵树。

从生活中寻找

—— 文章的结尾

有些文章的结尾，明显是做出来的，是为了结尾而结尾，最常见的两种，一为了首尾呼应，一为了点题。这在考试的作文中最常见，虽然不佳，却也因此可以最少丢分，甚至可以博得高分。学生的作文结尾中，可以清楚地看到我们今天作文教学的弊端，以致流弊于日后长大的岁月里，在公文写作中，甚至在不少博文中，都可以显现。

这样大同小异的结尾，使得我们的作文特别是考试作文不少是一无可观，因为这样的结尾常常是人云亦云的套话，是报纸社论的拷贝，是大人用惯的腔调，与同学们内心真实的感受相去甚远，甚至是背道而驰的。

但是，仅仅说结尾做出来不好，也不客观，因为文章都是做出来，所以才叫做作文。好的结尾，也可以是做出来的，但那种做，不应该是不动脑筋的千篇一律粗糙的制作和仿作，应该很讲究，如同音乐里的尾声，如同戏剧里的最后一幕，或给人意外，或给人启发，或给人感喟，或给人余味……好的结尾，还应该是千姿百态的，如同花朵的开放，如同百鸟的鸣

叫，不同的颜色，不同的声音，各显风情与风格。

我一直以为，好的结尾，从来不仅仅是做出来的，它最佳的状态，是像一股水流一样，随着文章自身的流动而流动，当行则行，当止则止。这样好的结尾，有时候确实是可遇而不可求的。

我写《飞机延误之后》，遇到这样一次结尾，如同不期而遇一位老朋友一样喜不自禁。文章的内容很简单，在广州乘飞机，飞机一再延误，一位和我一样焦急候机的妇女，携老将雏，发愁到达北京是半夜，该如何前往已经预订的宾馆，会不会遭遇黑车的趁火打劫，该如何应对这样的黑车司机。这种焦虑一直伴随她到飞机起飞。她不断和我交谈，我也不断地给她出主意，她的焦虑传染到我。我感觉到这种焦虑，不仅是个体的，也是社会上普遍的焦虑，在这种焦虑当中，蕴含着社会某些问题的存在。

非常有意思的是，她的焦虑随着飞机终于可以起飞的时候迎刃而解，因为延误的时间过长，飞机到达北京得是凌晨了，她可以不必去遭遇黑车，而可以坐机场大巴了。这一令人啼笑皆非带有黑色幽默的结尾，真的是文章可遇而不可求的。坐在飞机上，等待飞机起飞的时候，我就在想，回家可以写一篇文章了。可以想象，还能有比这更好更合适的结尾吗？生活中发生的许多事情，常常出乎我们的预料。而遇到这样的结尾，是福气，让结尾水到渠成，天衣无缝，不应该放过。而如果去自取炉灶，添枝加叶，那是不明智的，相反还会弄巧成拙。

再举《窗前的花今年开了》为例。那是一次在儿童乐园里遇见一位老太太，聊起天来，知道她和老伴是从河北保定老家来北京给女儿看孩子来的，已经快四年没有回自己的家了。知道了她的孩子为下一代找幼儿园买学区房的辛苦和欢乐的交织，知道了他们老两口到这里带孩子的天伦之乐和天伦之累的共享。所有这一切，儿女情长，婆婆妈妈，琐碎庸常，都非常生活化，非常真实。尽管有苦有累有操心有两代人的隔膜和摩擦，但听得出也看得出，老太太的心里还是挺满足、挺高兴的。如果文章就这样一路顺风顺水地写下来，该在哪儿煞尾呢？如果就在老太太的心里挺满足挺高兴的这一处煞尾，然后感喟几句，会不会非常平淡，让本来琐碎的交谈更显得琐碎得如一地鸡毛而缺少新意？

有意思的是，就在我和老太太要分手告别的时候，老太太忽然对我说起这样一件家常事：前两天，保定的亲戚来电话，说我们家窗前的花今年开了。快四年了，也没人浇水，管它们，居然还开花了。老太太说的这件事让我心里一动，如果文章写成，还有比就在这里煞尾更合适的吗？老太太老家四年没有人管的花居然可以开花，是老太太心头情不自禁的喜悦呀，是老太太自己内心里对家人对后代的一种希望啊。老太太最后说的花开，不仅可以成为文章最好最合适的结尾，也成了老太太心底的一种潜台词，是一种对这四年所付出的辛劳的回报，是一种对未来充满美好向往的意象。这样的结尾，真的是得来全不费工夫。

好的结尾，就是合适的结尾，需要恰到好处的戛然而止，而不是非得作者站出来旁白抒情或演说一番，将一些似乎很带哲理的词儿，硬邦邦地贴在文章的最后。在这方面，生活本身有时候会比文章来得更为自然而熨帖。当然，这需要碰，并不是所有的文章都能够幸运地碰到这样的结尾。碰到了这样的结尾，千万不要放过，它会成全我们的文章，帮助我们的文章更上一层楼。

举出这样的例子来，既想说明结尾写法的多样性，更想说明来自生活本身的天然去雕饰的结尾的得天独厚。是希望我们的同学对于我们作文，尤其是考试作文中结尾那种为主题而主题高蹈悬空且千篇一律的做法，持有警惕的态度，转而重视生活本身，从生活中寻找、发现合适而漂亮的结尾，从而使得我们的作文更上一层楼。

附录：

飞机延误之后

那天，从广州回北京，下午三点半的飞机，一点多钟便赶到了机场。但是，在去往机场的路上，暴雨突然袭来，车子像在浪中飞奔，心里就有了准备，这么大的雨，飞机肯定准时起飞不

了。没有想到，竟然延误到了半夜，才得到确切的消息，凌晨十二点一刻起飞。这让在机场苦苦等候的人们松了一口气，又无奈地叹了一口气。

这时候，坐在对面的一位中年妇女走到我的身边。因为整整一个下午和一个晚上，我们都在机场这个候机厅里苦熬，同是天涯沦落人，彼此比较熟悉了，我知道她是广东人，此次是带着女儿和母亲到北京旅游的，那一老一少就坐在对面的位子上打瞌睡。她知道我是北京人，就来问我，飞机到北京半夜了，打车的话，该怎么打？我知道，大半夜的，人生地不熟，她是怕打车挨宰。这时候，确实有黑车夜游神一般在机场趴活儿的，专门宰客，尤其是外地游客。便对她说首都机场有机场大巴，甭管多晚，都要等最后一班飞机下来的乘客，你可以坐大巴走。

她说她要到海淀培黎学校附近的一家快捷酒店，她听说了大巴只到中关村，想问我的是，如果打车是在机场打好一些，还是坐大巴到中关村下车再打好一些？也就是说，在哪里打车，挨宰的概率能够小一些？

这个问题还真的难住了我，要我说挨宰的概率一样多。黑车司机，挣的就是黑心钱，在哪里心都是一样的黑，不会像橘子易地而变为枳的。可望着她那对我信任的眼光，怎么对她说出口呢？想了想，说：还是坐大巴到中关村下车再打车好一些。那里离你要去的酒店近一些，即使多跟你要钱，也比在机场到你去的酒店会少，免得为付车费而闹得不愉快。你带着孩子，又带着老人，安全第一。

她点点头，同意我这个退而求其次的选择，走回了她的座位上，搂着女儿，开始打起盹，头像断了瓜秧的瓜一样垂了下来。我知道她是从粤北赶到广州的，这一路就够辛苦的了，又赶上飞机延误，在机场吃没得吃，喝没得喝，待了这么久，已经是身心交瘁。

没过一会儿，我看见她突然激灵了一下，头抬了起来，又走过来，问我：你说我去的那个地方是不是很偏僻呀？我是在网上订的酒店，图的就是便宜一些。如果偏僻，黑灯瞎火的，司机再拉着我们故意绕道，不是一样多花钱？她的这个问题，还真的难以预测。

而且，飞机到北京要夜里三点多，你说这时候在中关村下了车，在中关村那地方会有出租车吗？她接着问我的这个问题，我还真的没有想到。这时候，在首都机场怎么说还趴着黑车，在中关村有没有出租车，还真的是个问题，万一等半天也等不着一辆车，这一家三个女人可真的是叫天不灵呼地不应了。

仿佛她知道我回答不出这个问题，或者说，她在刚才打的那个盹里，已经把乘大巴到中关村这个选择否定了。她便不等我回答，接着问我：你说我就在机场打车，给司机两百块钱，再递给他这张纸，让他拉我们到这个地址，行不行？说着，她从衣袋里掏出写着酒店地址和电话的纸。

我摇了摇头，对她说，这么远的路，两百块钱，黑车恐怕不干。她叹了口气说：那他要是跟我漫天要价，我可怎么办呀？

一时，我们都没有了办法。望望窗外，雨早已经停了，灯光映得停机坪上的积水闪着迷离的光斑，好像是另外一个世界。飞机场能够把延误了这么长时间的旅客送走就已经气喘吁吁了，怎么还顾得过来一个带着一老一少的女人半夜在北京下了飞机之后的问题呢？但是，这个问题应该由谁来管呢？管不了一个孤独无助的女人，也管不了黑车司机，一时，我和她的心都如夜色一样沉沉。

她又叹了口气，对我说：实在不行，只有在机场等到天亮了。我自己倒是没有什么，就是孩子和老人受罪了。看着她心里万般纠结地无奈地回到自己的座位上，我也叹了口气。

快到登机的时候了。人们早耐不住性子，排起了长队，恨不得赶紧登机让飞机起飞。可是，等到十二点已经过了，长队排得更长，却没有一点登机的意思。机场的广播睡意蒙蒙地嗡嗡响了：飞往北京的旅客，我们抱歉地通知你们……飞机继续在延误。

等我们真正地登上这架飞往北京的747，已经是又过了两个多小时之后。这样的一再延误，飞机到达北京是凌晨了，天都要亮了。想起这位女人，可以不必再为打车或在机场守候天亮的事纠结了。谁都不管或不解决的问题，时间帮助解决了。在通往飞机的甬道上，我看见了这位女人，她咧嘴苦瓜似的对我笑了笑。

窗前的花今年开了

上午小区的儿童乐园里人不多，我陪小孙子去玩的时候，只有一个老太太带着一个四岁左右的小男孩在玩滑梯。小孩子见小孩子，就跟小狗相见一样，分外来情绪，立刻摇头摆尾地凑在一起，即使不讲话，眼神里透露出的信息，都明白彼此心里的意思。这是个连体的双滑梯，两个孩子在滑梯上一边一个比赛了起来。每个人手里都拿着一个玩具小汽车，每一次都先把小汽车顺着滑梯滑下去，自己再滑下去追汽车，看谁滑得快，玩得不亦乐乎。

我和老太太在一旁乐得清闲，闲聊起来，知道这是她的外孙子。女儿从河北保定考上北京的一所大学，毕业后留在北京民政部工作，女婿从山东来北京读大学，如今在一家大银行工作，赶上单位最后一拨福利分房，在长安街边上分得一处楼房，面积不大，位置绝佳。没有房子之累的年轻人，就是最有福气的了。我对老太太说。

老太太同意，不过，又说，这小孩子一出生，福气就打了折扣。得有人帮忙照顾孩子吧，爷爷奶奶身体不好，来不了北京，我和老伴就来了。房子太小，住不下了，这不才搬到这里来，一图房子宽敞，二图旁边就有个双语幼儿园。是租的房子，每月六千，把长安街的房子也租出去了，每月七千元，两厢一去，富裕的那点钱，给孩子他爸爸来回开车的油钱了。

老太太很健谈，女儿和女婿很会周转。我对老太太夸赞了她的两个孩子，老太太乐了，说，孩子一落生，逼得他们，不周转行么？这不，刚搬过来，就赶紧在幼儿园报了名，前几天接到通知，等孩子四岁时可以入园了。

我说，您的孩子够行的了，未雨绸缪，省了您多大的心，现在幼儿园多难进呀！您也可以尽享天伦之乐了！老太太一摆手，对我说，什么天伦之乐，是天伦之累！我知道老太太是有些得了便宜卖乖，便笑她，您别不知足了。她却说，不是我不知足，确实是有乐趣也有烦恼。我和老伴来北京快四年了，保定的房子门一锁，就再也没回去过。天天是我带孩子，老伴做饭，忙得脚不拾闲。当然，孩子也不容易，最头疼的事是孩子六岁就得上小学了，得找一所好小学，可找好小学比找好对象都难。花钱不怕，怕的是得走门子，托关系，可你说我们这俩孩子都是从外地来北京的，烧香都找不着庙门。

话题转到这里，一下子沉重了起来。

如今的社会就是这样子，孩子一落生，就得为幼儿园为学校头疼，一家人就像蜘蛛一样，跌进了关系织就的密密的网中，想出都出不来。没孩子，想要孩子；要了孩子，生活的负担和心理的负担都加重。

望着在滑梯上下玩得兴高采烈的两个小孩子，一副吃凉不管酸的样子，熟得把彼此的小汽车交换着玩，我的心里忍不住叹了

口气，年轻人，活得不容易。想起屠格涅夫曾经讲过的话，说是人生就是一个苦役，只有把一个个的荆棘都走过去了，最后才能够编织成一个花环。这话说给今天的年轻人正合适。只是等他们把荆棘编织成花环的时候，就和我们一样老了，而他们的孩子也长大成他们一样的年纪，开始新的轮回。

所幸的是，老太太没有我多愁善感，脸上的云彩一会儿就散去了。她对我说，前些天，女儿和女婿终于买到了一套学区房，外孙子上学的问题算是落定了，免去了托人找关系的烦恼。你知道，买学区房有时间的问题，户口才能落上，人家学校才认。这一段时间，可是急死了人！我赶忙恭喜她，这可是件大事。不过，学区房可是不便宜。老太太说，可不是，要不这么说，有了小孩子，你身上的皮就得一层一层往下扒。房子5万多一平方米，买的只是一套50多平方米的老楼房，首付就花了他们全部的积蓄，还得加我们添上的。年轻人的小夹板算是套上了。我劝她，这就不是您操心的事情了，年轻人为孩子付出是天经地义的。老太太反问我：那我呢？快四年了，我连自己的家都没回去过，我付出为了谁？没等我接茬儿，她自言自语道，人老了，就是贱骨头！

太阳照当头了，天有些热了。两个孩子玩得差不多了，交换回各自的小汽车，跑了过来，嚷嚷喊着要回家了。我和老太太道别，临走时，老太太忽然想起什么，转身对我说了句：前两天，保定的亲戚来电话，说我们家窗前的花今年开了。快四年了，也没人浇水，居然还开花了。我对她说，好兆头呢，您的外孙子一到来，您家的好日子在后头呢。我想，这一定是她心里的潜台词。

踩着尾巴头会动

—— 从结尾写起

我一直觉得，一篇文章的结尾，比开头要重要得多。开头，即使没有出奇制胜，只要平易自然，就不会出大的毛病。结尾，太平则容易水，让人觉得少了一股气韵。结尾最好是有个起伏，所谓看山不喜平。这个起伏，我更看重的是生动形象具体的，也就是我常说的，要看得见摸得着，一般不要轻易用理论的词代替这样富有气韵的起伏。

有时候，我的文章常常是先获得了一个好的结尾，便会喜不自禁，一下子觉得文章好写了，连整篇的结构布局都显得容易得多了。俗话说：提纲挈领，我觉得对于写作而言，这个纲和领，不在于文章的开头，而在于结尾。结尾，是文章牵一发而动全身之处，所谓俗话说的，踩着尾巴头会动。

所以，有时候，文章既可以是顺着从开头写起，但也是可以逆行从结尾写起的。这是写作的两种思路，有兴趣的同学，不妨试验一下，打通文章两脉，让我们上下相通。

以《孤独的普希金》为例，这是我1992年写的一则短文。那一年的春天，我在上海，和朋友先后两次去看矗立在岳阳路上的普希金铜像。第二次去的时候，忽然发现铜像底部的石座上，刻有普希金的三个字中的"金"字，被黄粉笔涂抹得很醒目，在阳光下格外刺眼。当然，这也许只是一个顽皮的小孩子的率性随意为之，很偶然的一个举动而已，并非有意。但在当时给我的印象很深，而且仿佛一下子被这个金光灿灿的"金"字所刺激。普希金三个字，为什么会这样偶然地单单把"金"字涂抹得如此金光灿灿呢？这和我们的拜金主义难道就一点关联都没有吗？当然，这只是我当时的联想而已。随后，我又想，即便真的一点关系都没有，对伟大的诗人普希金，也缺乏起码的尊重和了解吧？

想到这一点，我觉得可以写一篇文章了，这个用黄粉笔把普希金的"金"字涂抹得金灿灿的情景，就是这篇文章的结尾。

可以这样试想一下，如果没有这个结尾，前面的文章还是那样的做，一直到离开上海前第二次去看望普希金的铜像，抒发一下对他的敬仰和感叹之情而止。那样的话，该会是一个很平淡的结尾，非常一般化的结尾，也是我们同学常常容易写的结尾。有了现在这样的一个结尾，文章不仅有了意想不到的起伏，更重要的是能够引发我们进一步的思考。

我就是先有了这样一个结尾，进而结构全篇的，前面所写的第一次看普希金的铜像的情景和心情，写在莫斯科的普希金广场上看普希金铜像的回忆和感慨，写上海这尊普希金铜像两次被毁的历史和老翻译家的故事，都是因这则结尾而选择出来

的。这三件事的向心力，都源自结尾，或者说都指向结尾。因为无论第一件事普希金铜像周围的嘈杂，人们对普希金的冷漠，还是第二件事同为普希金铜像，莫斯科的与上海的对比，以及第三件事关于铜像的历史和老翻译家的故事，都是想说明人们对于普希金的态度，其实就是对于生活对于艺术的态度。过去的时代也好，现实的生活也罢，结尾那种只对普希金的"金"感兴趣，就有了现实的原因，也有了历史的原因了。

可以看出，这三件事的材料的选择和运用，是为结尾服务的。也可以说是缘于结尾而牵出来的。结尾，调动了我的思路，沿着这个思路寻找到相应的材料而铺排成文。这就像到花店里买花，我们已经有了一个思路，想买什么样的花，是为结婚用呢，是为母亲节呢，还是为送朋友或送老师呢……花的选择就便捷得多，也会集中成一束而显得夺目得多。

再举《"制高点"》为例，这同样也是先获得了结尾而后才写成的文章。那是几年前我随同中国残疾人艺术团访问土耳其，在那里的一家叫"制高点"的餐厅，遇到的一件事。艺术团的指挥家舟舟是一个智力障碍者，他吃完他叫嚷半天的烤肉之后，在津津有味听餐厅的女老板讲她这个位于博斯普鲁斯海峡边美丽餐厅的时候，突然听见音乐声，便一下子站了起来，也不听女老板的讲话了，随手拿起一根喝饮料的吸管当作指挥棒，情不自禁地指挥起来。

这个情景，很是打动我。如果是一个正常人，一般是不会有这样突如其来的举动的，如果有，也会被认为是不礼貌的。

但是，作为一个残疾人，对于音乐是那样喜爱又敏感，特别是对指挥格外富有天赋而且愿意表演的舟舟，这样的举动，便显得浑然天成，那样的天真可爱。

如果让舟舟自己说，或者让他的父母和朋友说说他是怎么样的天真可爱，又是怎么样的热爱音乐，而且对指挥是怎么样的有禀赋，恐怕一时都难以找到这样生动形象又恰如其分的细节的。这样一个细节，把舟舟的性格和所有我想知道的东西，都淋漓尽致地展现出来了。如果写舟舟，还有比这个更好的结尾吗？还用再怎么细描重画他怎么怎么样喜爱音乐，怎么怎么样指挥富有天赋，怎么怎么样天真可爱，成为了艺术团的一个宝，一道风景吗？那样写的话，会显得多么的啰唆，多么的一般，纵使千言万语，哪里抵得上这样的一个细节？

亲爱的同学们，有了这样一个富有动作感和画面感的结尾，你们会不会觉得，其余的文章就好做了呢？或者，反过来说，如果没有这样一个结尾，即使前面的文章写得再漂亮，你们会不会觉得，只是事情的罗列，是场景的叙述，是人物极其平常的描写而已呢？

没错，我就是这样想的。有了这个结尾，前面所写的一切，才有了存在的价值和意义；有了这个结尾，前面所写的一切，也才会好写。这个结尾，是爆竹尾部的捻儿，点燃了它，前面的一切才会跟着一起爆响。

附录：

孤独的普希金

来上海许多次，没有去岳阳路看过一次普希金的铜像。忙或懒，都是托词，只能说对普希金缺乏虔诚。对比南京路、淮海路，这里似乎可去可不去。

这次来上海，住在复兴中路，与岳阳路只一步之遥。推窗望去，普希金的铜像尽收眼底。大概是缘分，非让我在这个美好而难忘的季节与普希金相逢，心中便涌出普希金许多明丽的诗句，春水一般荡漾。

其实，大多上海人对他冷漠得很，匆匆忙忙从他身旁川流不息地上班、下班，看都不看他一眼，好像他不过是身旁的水泥电线杆一线。提起他来，甚至说不出他哪怕一句短短的诗。

普希金离人们太遥远了。于是，人们绕过他，到前面不远的静安寺买时髦的衣装，到旁边的教育会堂舞厅跳舞，到身后的酒吧间捧起高脚酒杯……

当晚，我和朋友去拜谒普希金。铜像四周竟然了无一人，散步的、谈情说爱的，都不愿到这里来。月光如水，清冷地洒在普希金的头顶。由于石砌的底座过高，普希金的头像显得有些小。我想，更不会有人痴情而耐心地抬酸了脖颈，如我们一样仰视普希金那一双忧郁的眼睛了。

此时，教育会堂舞厅中音乐四起，爵士鼓响得惊心动魄。红男绿女进进出出，缠绵得像糖稀软成一团，偏偏没有人向普希金瞥一眼。

我很替普希金难过。我想起曾经去过的莫斯科普希金广场，在普希金铜像旁，即便是雨雪飘飞的日子，也会有人凭吊。那一年我去时，正淅淅沥沥下着雨，铜像下依然摆满鲜花，花朵上沾满雨珠，宛若凄清的泪水。有人在悄悄背诵着普希金的诗句，那诗句也如同沾上雨珠，无比温馨湿润，让人沉浸在一种美好的意境中。

而这一夜晚，没有雨丝，没有鲜花，普希金铜像下，只有我和朋友两人。普希金只属于我们。

第二天白天，我特意注意这里，除了几位老人打拳，几个小孩玩耍，没有人注意普希金。铜像孤零零地立在格外灿烂的阳光下。

朋友告诉我，这尊铜像已是第三次塑造了。第一尊毁于日军侵华的战火中，第二尊毁于我们自己手中。莫斯科的普希金青铜塑像屹立在那里半个多世纪安然无恙，我们的普希金铜像却在短短的时间内连遭两次劫难。

在普希金铜像附近住着一位老翻译家，一辈子专门翻译普希金、莱蒙托夫的诗作，在"文化大革命"中亲眼目睹普希金的铜像被红卫兵用绳子拉倒，内心的震动不亚于一场地震。曾有人劝他搬家，避免触目伤怀，老人却一直坚持守在普希金的身旁，度过他的残烛之年。

老翻译家或许能给这尊孤独的普希金些许安慰。许多人忘记了当初是如何用自己的手毁掉了美好的事物，当然便不会珍惜美好的失而复得。而年轻人漠视那段悲惨的历史，只沉浸在金庸或琼瑶的故事书里，哪里会有老翻译家那份浓厚的情怀，涌动老翻译家那般刻骨铭心的思绪？据说残酷的沙皇读了普希金的诗还曾讲过这样的话："谢谢普希金，他的诗激发了善良的感情！"而我们却不容忍普希金，不是把他推倒，便是把他孤零零地抛在街头。

我忽然想起普希金曾经对于春天的诅咒——

啊，春天，春天，
你的出现对我是多么沉重，
……
还是给我飞旋的风雪吧，
我要漫长的冬天的幽暗。

有几人能如老翻译家那样理解普希金呢？过去成了一页轻轻揭去的日历，眼前难以抵挡春日的诱惑，谁还愿意在凛冽的风雪中洗涤自己的灵魂呢？

离开上海的那天下午，我邀上朋友再一次来到普希金的铜像旁。阳光很好，碎金子一般缀满普希金的脸庞。真好，这一次普希金不再孤独，身旁的石凳上正坐着一个外乡人。我为遇到知音而兴奋，跑过去一看，失望透顶。他手中拿着计算器正在算账，很投入。他的额头渗出细细的汗珠。

再到普希金像的正面，我的心更像被猫咬一般难受。石座底部刻有"普希金（1799—1837）"字样，偏偏"金"字被黄粉笔涂满。莫非人们只识得普希金中的"金"字吗？

我们静静地坐在普希金塑像旁的石凳上，什么话也说不出来。阳光和微风在无声流泻。我们望着普希金，普希金也望着我们。

"制高点"

"制高点"，是一家餐厅的名字。这名字起得有些怪，和一般餐厅太不一样，吃饭也要占领制高点吗？跟打仗似的。但这家餐厅确实站在制高点上，位于伊斯坦布尔亚洲部分的一座山顶，是伊斯坦布尔的最高处，便也占据了风光最漂亮的地方。

这是一家花园餐厅，玻璃窗户，玻璃房顶，初春温煦的阳光尽情地挥洒进来，烟波浩渺的博斯普鲁斯海峡尽收眼底，海峡上的第二大桥——"征服者曼哈迈德二世"大桥就在面前，伸手可触。正是中午时分，海面在阳光和云影的作用下或深或浅，宁静得犹如一匹熟睡中的丝绸。成群的海鸥温柔地栖息在水面上，仿佛也进入了它们的白日梦。如果不是间或有白色和红色的快艇驶过，溅起白练一般的浪花，我们面对的简直就像是一幅风景油画，餐厅里任何一面窗，都可以是镶嵌起它们的画框。

对岸就是欧洲，一人身处两大洲，感觉很奇特，几乎所有的人开始落座在餐厅里，都没有顾得上品尝餐桌上早已摆好的开胃酒和沙拉，而是被眼前的景色惊呆了。

只有一个人除外，就是坐在我身边的舟舟。

这位中国残疾艺术团的指挥家，对窗外美丽的风光根本不屑一顾，嘴噘了起来，不高兴起来，索性双手往餐桌上一摊，头像是断了秧的瓜，"啪"的一声，使劲地趴在桌上。不仅是我，几乎所有的人都知道，这是舟舟的习惯动作。他是馋肉了。除了音乐，他最喜欢的就是吃肉，如果有一顿饭没有肉，他就会是这样子。这位在国内国外已经鼎鼎有名的指挥家，虽然25岁了，智商却只是和几岁的小孩子一样，他就是要吃肉，他就是这样喜形于色，谁都能够理解一个有智力障碍的孩子的。于是，几乎所有的人都从眼前的景色中被拉了回来，纷纷招呼餐厅的人员，请他们赶紧给舟舟上肉。土耳其的服务员摇摇头，谁也听不懂我们的召唤，直到翻译把漂亮的餐厅女老板请来，一身藕荷色套装的女老板搂住舟舟笑了，不一会儿亲自把一盘地道的土耳其烤肉香喷喷地端在舟舟的面前。

风卷残云，舟舟心满意足地吃完了整整一盘烤肉，抹抹嘴，抬起头，望着一直站在他身边的女老板，嘿嘿地笑了起来。我们都知道，除了音乐和吃肉，他的另一个喜爱就是漂亮的女人。他忽然指指透明的玻璃房顶问女老板："这是做什么用的呀？"这话在我听来近乎见到漂亮的女人想套近乎而没话找话，那意图过于明显而拙劣，引起大家的笑声，有人在尽情地和舟舟开着玩笑，餐厅里一下子热闹开来。

女老板没有听明白笑声的含义，在耐心地告诉他："这个玻璃房顶在夏天可以拆下来，整个餐厅就是露天的了，就能够享受海风了。"说起她的餐厅就像抚摸着自己的宠物，又不无几分得意地对他说，"那时候，到这里来的人非常多，要事先预定才行，当然，如果你要来的话，我会给你预留位子的，还有你的烤肉……"

就在这时候，餐厅里响起了音乐，先是轻柔得如同风起于青萍之末，然后渐渐地回荡在整个餐厅。这是餐厅音响里特意放出来的音乐，开始谁也没有在意，都在津津有味地听女老板讲她漂亮的餐厅夏天是伊斯坦布尔人们最爱来的地方，舟舟却忽然站了起来，我看见他的眼睛已经从女老板的脸上转移了，他的脸庞像拨浪鼓似的来回在晃，他是在找音乐是从什么地方跑出来的，好奇得像是孩子在找童话里藏着的什么宝贝。

女老板停住了话音，所有的人都好奇地把目光转移到了舟舟的身上，谁也不清楚他要干什么。我发现那一刻舟舟根本没有注意到大家，他的眼睛里全是音乐，他的一双圆嘟嘟像藕节的手指情不自禁地抬起来，一只手里不知什么时候拿着刚才喝饮料的吸管，权且当成了他的指挥棒。吸管轻轻地动了两下，他在试探着，在寻找节奏，像蚯蚓小心翼翼在找一个突破口，好钻出土露出头来。很快，他就找到了，就像骑上了马背的骑手，哪怕马儿跑得再野也驾驭自如了，音乐的旋律像是马缰绳似的，一下子被他抓在手心里，是那样的驯服。他指挥了起来，很有韵律，吸管

舞动，双手翻飞，从玻璃房顶洒进来的阳光，跳跃在他的手指上，一闪一闪的，和窗外博斯普鲁斯海峡微微抖动的涟漪一样。

是威尔第的歌剧音乐，《西西里晚祷》的序曲，很幽雅，弦乐尤其美。

那一刻，再迷人的风景，再美味的烤肉，再漂亮的女人，也要让位给威尔第了。他指挥得是那样的投入，那样的忘情，那样的和音乐融为一体，俗虑尘怀，爽然尽释。别看他只是个智障儿，却比我们在场的任何一个正常人都迅速地进入了一种天青气爽的境界。音乐给他插上了翅膀，那一瞬间，舟舟真的站在这个世界的制高点上了。

锻炼自己发现的眼睛

—— 细节的捕捉

  写文章，需要必备的材料，这就像盖房子之前得有砖瓦等基本材料，然后才谈得上房子的大小、式样、风格，乃至最后的完成。这些材料，一般来自两个方面，一个是书本，一个是生活。书本的材料，可以供我们借鉴并引用，从而为我们的文章服务，成为我们文章的组成部分。生活的材料，可以是听别人说来的，也可以是自己亲身经历或亲眼看到的。前者是理性多于感性，后者是感性多于理性。两者可以交错进行，相互映衬，彼此作用。

  这里，只说生活的材料，即我们老师常说的素材如何从生活中获取。

  生活中蕴藏着丰富的写作素材，但对比这样的素材而言，更重要的是生活中生动细致的那些细节。这是我们在选择素材的时候尤其要注意的，素材可能是一堆，而细节则只会是很小的一点或几点而已。但细节却是文章生命的细胞，缺少了细节的文章，很难写得动人。缺少细节，在文章里堆的只是一堆素材，恰恰是同学们写作时常常会碰到的问题之一。

很多同学认为，我们的生活太普通、太庸常，又太琐碎、平淡，能够写作成文的素材就少，更到哪里找那么多那么好的细节？便常常一到写作时觉得没什么可写的，或勉强写出来却不生动。

其实，就像以前有位外国艺术家所说的那句名言：美不是缺乏存在，缺乏的是我们发现它们的眼睛。好的可以入文的细节，就是这样存在于平淡无奇的生活中，只是我们自己的眼睛是否有意识又能够敏感地发现它们。今年诺贝尔文学奖的获得者——加拿大的女作家爱丽丝·门罗，她的写作只是局限于她所生活的那个小镇的普通人的日常生活，却让她获得如此的成功，原因便在于她对于小镇日常琐事平庸生活发现的能力。她有一双敏感而善感的眼睛，让她洞若观火，在幽微之处发现动人之处，那些看似信笔捡来的细节，正是得益于她的这种本事，才使得她能够触手成春，皆成文章。

今年在美国住了四个多月，天天在这个显得富有又异常安静几乎看不见什么人的小区里散步，附近的房子和邻居，都很熟悉了，很容易见多不怪，习以为常，容易让自己麻木。万圣节前，忽然发现小区里有了明显的变化，家家门前都摆上了南瓜。这些金黄色的南瓜，让已经落木萧疏的小区多了明艳的色彩。唯独离我住处不远的一处房前是空荡荡的，没有摆一个南瓜。开始，没有引起我更多的注意，但离万圣节越来越近了，这家门前还是没有一个南瓜，让我觉得有些奇怪，心想这里面必有原因，便向邻居打听。果然有原因，是这家里出了变故，经济和心情的双重原因，让他们的家门口没有了南瓜。

可以看出，后来我写出了《万圣节的南瓜》一文，其中南瓜，便是这篇文章所用的最主要的细节。而这个细节就是在散步时的所见，如果没有这个发现，每天散步时熟视无睹，那么，走过去也就走过去了，你就不会发现就在自己的身边，就在看来十分宁静的小区里，还有这样不如意的生活和不如意的人存在。你发现了它，就会关心它，进一步深问并追究它。文章后面所写到这家的两个男孩子为别人家除草，别人家也有意帮助他们，让他们家的门前最后也摆上了南瓜，只不过是最初发现他们家门前没有南瓜的后续。如果没有最初的门前缺少了这个南瓜细节的发现，那么，最后，他们家门前即使有了南瓜的细节，你也就不会在意，细节和你擦肩而过，文章也就和你擦肩而过。

从门前没有南瓜到后来有了南瓜，是你眼睛发现的过程，其实也就是文章形成的过程。

所以，细节的发现，是文章写作的关键。好的文章，往往需要有一两个生动细节点燃，才能够迸发璀璨的火花。需要特别指出的是，这种细节，不是凭空想象而得，而是从日常的生活中来。即使是虚构的小说文本，情节和人物都可以虚构，但细节不可以，只能从生活中来。所谓情节好编，细节难找。因此，不要好高骛远，把眼睛只盯在远处，而忽略了自己身边随时都在发生的那些不起眼的小事，那样的话，细节的发现便无从谈起。没有属于你自己的发现的独特的细节，文章便容易和

别人的雷同，或容易觉得下笔时无话可说。

  再举一个例子：《重逢仙客来》，这也是在美国的生活中所得。同样是在小区里散步时的发现，只不过，触动我眼睛的细节，南瓜换成了仙客来。细心的同学会发现，这篇文章中，对那户人家门前两盆紫色的仙客来的发现，和前一篇文章中一见人家门前没有南瓜就起了疑问不同的是，对其的好奇乃至疑问，是逐步深入的，甚至经过了两年时间的磨洗，而不像南瓜一下子那么醒目地就打上了问号。之所以指出这一点，是因为这一点很重要，也就是说，有时候，对于写作有价值的细节，不会那么轻而易举地摆在那里，让你唾手可得。细节意义的发现不是一蹴而就，需要时间，就像种子一点点发芽长叶开花。这里需要的不是耐心，而是不放过一点点的蛛丝马迹，在越是细微之处越下工夫和气力去仔细观察和思考，穷究其根本。

  我格外想说的是，如果说《万圣节的南瓜》中细节南瓜的发现，需要敏感；《重逢仙客来》中细节仙客来的发现，除了需要敏感之外，还需要思考，为什么这两盆仙客来即使到了冬天也开放不败？为什么这户人家只见一对老夫妇而从未见过他们的一个孩子的到来？这些疑问所带来的思考，显然比《万圣节的南瓜》中的南瓜要复杂。有了这样的疑问，才有了进一步的思考和进一步的观察，才有了后面的答案，那两盆仙客来，才会变得那样的触目惊心。细节虽小，却那样的至关重要。有时候，细节就藏在那里，是客观的事情，经过你的感情的润染，你的思考的点化，那些细节才被赋予了生命，能成为我们

文章中生命的细胞。

　　无论是南瓜，还是仙客来，都是极其微小的细节，我们每天的生活中，遇见类似这样微小的细节，不知该有多少，只不过大多都如水一样从我们身旁流过。如果我们作为有心人，能够敏感地捕捉到其中的一点，便可以落花流水，蔚为文章。从这个角度而言，细节的发现，比写作本身还要重要。写作的本身，其实就是对生活的发现。而文学的创作，更是对那些日常生活平凡平淡小事的发现和捕捉细节的能力显现。尤其是能够在别人不注意或忽略的地方，你注意到了，重视到了，并捕捉到了最动人的细节，那么，文章就会变得容易写得多了。在这两篇文章中，同学们可以发现，南瓜和仙客来这样的细节，都是很不起眼的小事，如果我们只把眼睛盯在大事上，可能永远都不会有所发现。因为这个世界上，可能每天都会有大事发生，但一般离我们都很远，具体在我们自己的身边，具体到我们写作素材的选择，恰恰是那些常常发生的小事，最终能够帮助我们的，正是那些看似微不足道的细节，如同泰戈尔所说的：斧头虽小，却能砍断大树。

　　记得法国音乐家德彪西的家人在回忆德彪西小时候的一则逸事时说，小时候父母给钱让孩子们买早点，其他孩子都是捡最大的糖果，唯独德彪西捡最小最贵的，即使在儿童时代，德彪西说：大的东西让我恶心。长大了以后，德彪西的音乐之路，依然秉承着对小的一以贯之的钟情。尽管德彪西说得有些夸张和极端，但从根本而言，这是一种对生活与艺术的选择和

态度。珍惜并书写那些小的东西，正是文学与艺术创作的规律。德彪西说的小的东西，就是细节。

在意对那些凡人小事的发现，在意对那些日常常见却容易忽视的温馨或心酸或发人深省的细节的发现，特别是他们与我们哪怕细微如蝉翼一样的感情碰撞，才容易触及到他们也触及到我们自己的心灵深处。发现的眼睛，便也连接着我们的内心和写作时的笔尖。

附录：

万圣节的南瓜

万圣节前夕，我住的海德公园社区，家家门前都早早地摆上了南瓜。各家有各家的风格，那南瓜摆得都非常有意思，有的从路边一直摆到门前，仪仗队欢迎客人似的；有的在每个台阶前放一个南瓜，步步登高；有的则左右对称；有的则在南瓜上雕刻上笑脸，做成南瓜灯，迫不及待地迎接节日的到来。

在我看来，世界上许多节日都日渐失去了民俗的本意，而成为了一种休闲娱乐的方式。万圣节，在美国更成为了孩子们的节日。因为这一天，孩子们可以兴致勃勃地叩响各家的房门，向那些平常并不熟悉甚至根本不认识的邻居们讨要糖吃。而各家都准备好了各色糖果，等待孩子们的到来，一起创造并分享这种欢乐。各家门前的这些南瓜，就像圣诞节的圣诞树，是节日的象征，只不过圣诞树一般是放在家中，而南瓜则是放在屋外的。于是，南瓜便也就有了节日共享的意味，颇有些像我们春节的花炮，燃放起来，大家都可以看到，共同欢乐。

那一色黄中透红的南瓜，在万圣节前夕，是那样的明亮，给已经有些寒意的初冬天气带来暖意。

唯独有一家人家的房前，没有放一个南瓜，在整个社区显得格外醒目，仿佛一串明亮的珠子，突然在这里断了线，珠子串不起来了。

每天散步，路过这家门前的时候，我的心里都有些怅然。这是一座很大的房子，门前有拱形的院落和左右对称的院门，院门旁各有一株高高的海棠树，连接这两座门的是一座半圆形的花坛。看院子这样气派的样子，这应该是一户殷实的人家，大概不会买不起几个南瓜，在超市上三个大南瓜只要十美金。心想要不就是因为忙，一时顾不过来去超市买南瓜。

又几天过去了，马上就到万圣节了，这家门前还是没有一个南瓜。门前的樱桃树结满红红的小果子，花坛却没有一朵花在开放了，秋风一吹，院落里落满凄清的树叶，也没有打扫。我有些奇怪，便向人打听，这是怎么回事呢？这样的情景和节日太不相吻合，和这样气派的房子也不大吻合。

有人告诉我，这家的主人是位医生，犯了不知什么案，被判了刑，关进监狱。这座房子被银行收走，他的家人只有在这里住

一年的权限。我从来没见过这家的女主人，只见过他家有两个男孩子和一个女孩子出入，年龄都不大，两个男孩子像是中学生，妹妹小，大约只上小学。心里也就多少明白了，家里缺少了主心骨，大人孩子过日子的心气也就没有了，再好的房子和院子也就荒芜了。况且，缺少家庭主要的经济来源，三个正上学的孩子都需要花销，过日子的局促，自然顾不上南瓜了。心里不仅替这家人惋惜，尤其是替那三个无辜的孩子，大人们做事情的时候，往往忽略了孩子的存在。但凡想想自己的孩子，做事情的时候也该会让自己的手颤抖一下吧。

那天下午，我的邻居家的后院里忽然响起了除草机的轰鸣声。这让我很奇怪，因为邻居的除草很有规律，都是在周末休息的时候，还没有到周末，而且人也没有下班，怎么就有了除草的声响呢？我走到露台上去看，发现是那家医生的两个男孩子在除草。他们开来一辆汽车，停在院子前，猜想是他们拉来了自己的除草机，帮助邻居除草，挣一点儿辛苦钱。同时，也猜想是邻居的好心，让这两个孩子挣点钱去买万圣节的糖果和南瓜。

我的猜想没有错。黄昏时候，邻居下班，我问了他们，这是一家印度人，他们腼腆地笑笑，证实了我的猜测。同时，他们还告诉我，这个社区里很多人都知道他们家的事情，都像他家一样将除草的活儿交给了这两个读中学的孩子。他们不愿意以施舍的姿态，那样会伤了孩子的自尊心，他们更愿意以这样的方式帮助孩子，让他们感觉自己像成人一样，可以自食其力，可以为家庭分忧，给母亲和小妹妹一点安慰。

果然，第二天，这家医生的门前摆上了南瓜。是三个硕大无比的大南瓜，大概是三个孩子每人挑选的一个中意的南瓜。每个南瓜上都雕刻上了笑脸，在布鲁明顿明亮阳光的照耀下，那三张笑脸笑得非常的灿烂。

重逢仙客来

两年前住新泽西，每天在所住的社区散步，路过湖边的一家人家的房前，总能看到门前的阳台上，一左一右摆着两盆仙客来。那两盆仙客来都是紫色的，很是浓艳欲滴，这是仙客来中少见的品种。一般的仙客来都是开海棠红的花朵，在北京，我从来没有见过这样颜色的仙客来。因此，每天路过这里的时候，都会忍不住看几眼。

这一家在一楼，门前的阳台，由于和院子相连，便显得轩豁。他们家的房门总是敞开着，隔着门纱，里面影影绰绰的，树荫打在门前，绿色的影子被风吹得摇摇晃晃，显得几分安详，又有几分神秘。

听说是住着一对白人老夫妇，但我只是偶尔看见过老头儿出门，穿着臃肿的睡衣，闭着眼睛，坐在阳台上的摇椅里晒太阳，或者抱着一罐啤酒独饮，从来没有见过老太太，也从来没有见过他们的孩子。谁也不清楚他们有没有孩子，或者有孩子，但为什么总也不见孩子的到来？

有一天，看见一辆小汽车停靠在他家的院子里，从车上跳下一个年轻的小伙子，以为是他们的孩子，走近一看，车子打开的后备箱里放满修理管子的各种工具，知道是来帮助修理他们家水管的工人。还有一天的黄昏，看见阳台上，老头儿和一个年轻的女人面对面相坐，远看是一幅温馨的父女图。走近看，年轻的女人手里拿着笔和本，面无任何表情，在向老头儿询问着什么，并机械地在本上记录着什么。显然，也不像是老头儿的孩子。

　　引我最大兴趣的，还是他们家门前的那两盆仙客来，因为它们一年四季开着花。院子里春天的郁金香败了，夏天的蝴蝶花谢了，秋天的太阳菊落了，它们照样开着花。即使是冬天，大雪纷飞的时候，照样开放着，紫色的花朵迎着寒风摇曳，跃动着一簇簇紫色的火焰。而且，不管下多大的雪，他们从来不把花搬进屋里，就这样摆在门前，好像故意要让大雪映衬一下，好使得花显得格外明亮照眼。再大的风雪，居然难使花朵凋谢，这让我非常奇怪，因为我从来没有看见过一年四季都花开不断的仙客来。都说是花无百日红，莫非这是只有美国才有的什么神奇品种？

　　今年春天，我再次来到新泽西，还是住在这个社区里。每天散步路过这家门前的时候，又看到了这两盆仙客来，依然是一左一右地摆在门前的阳台上，依然怒放着那鲜艳欲滴的紫花。好像老朋友一样，在等待着我的重来，又好像是将两年的时间定格，它们依然活在以往的岁月里，青春永驻，花开不败。

　　我真的非常好奇，好几次冲动地想走过去，穿过小院的草坪，走到门前，仔细看看那两盆仙客来，到底有什么样的神功，

锻炼自己发现的眼睛

居然可以总能够开得这样娇艳，这样长久。不过，这样不请自入的话，实在不礼貌，我只好把这种冲动咽回肚子里，任好奇心与日俱增。

夏天到来了，蒲公英在漫天飞舞，天气渐渐地热了起来，小区里的人都不怎么出来了。好在今年夏天的雨多，一阵云彩飘过来，就会有一场雨，让空气凉爽也湿润些。那天早晨，天下着淅淅沥沥的小雨，沾衣欲湿，是个好天气，我照样出去散步。路过这家时，老远就看见门前晃动着老太太的身影。这真是难得的事情，因为老太太很少出屋。前后两次来这里住了这么久，我还从来没有见过老太太一面呢，不仅是我，我问过别人，也都说从来没有见过老太太。神秘的老太太，和神奇的仙客来有一拼呢。我不由得加紧了脚步。

走近看见老太太站在一盆仙客来前，手里提着一个硕大的喷水壶，在给仙客来浇水。这真的是一个怪老太太，外面正下着雨，虽然不大，但已经下了好久，只要把花盆搬到院子里，慢慢地也能把花浇好了呀。干吗放着河水不洗船，非要多此一举呢？

待我走得更近时再一看，忽然惊了一下，因为怎么想我都没有想到，老太太把那一朵朵仙客来拔了下来，然后又插进花盆里，如此机械地重复着这样的动作，让我不得不相信，原来仙客来是假花。

我确实有些惊呆在了那里，愣着神，站了一会儿。就在我愣神的工夫，老太太转身向另一盆仙客来走过去。我发现，老太太是有些半身不遂，似乎也有些老年性痴呆，蹒跚的步子，挪动得

非常吃力，不过几步的路，腿像灌了铅一样，头也如拨浪鼓在不住地摇晃着。她穿着一件月白色的亚麻长袍，长袍宽松，随着她的身子晃动着，像个慢动作的幽灵，让人心忍不住和那长袍一起隐隐地抽动。她手扶着门框，走了好长的时间，去给另一盆仙客来浇水。然后，机械地重复着刚才的动作，把一朵朵的仙客来拔下来，再一朵朵地插进花盆里。喷壶里的水珠如注，从花朵上滴落下来，溢出了花盆，打湿了她的亚麻长袍，一直湿到了脚上。

　　以后，每天散步的时候，路过这里，再看那两盆仙客来，心里总会酸酸的。不忍看，却偏偏忍不住看。

重复的作用

—— 素材的选择

　　一般而言，文章忌重复。但是，有的时候，重复又常常能够起到特别的作用。过去讲"一唱三叹"，就是重复。"三叹"的重复，是为了那"一唱"服务的。文章中出现的重复，是文章写作的一把双刃剑，关键看怎么用，在什么时候什么地方用。用得好，会使得文章有了迂回的味道，也能够为文章添彩。

　　《超重》这篇文章，重点写的是那个去英国读书的儿子和他母亲，在飞机场托运行李超重时的一点冲突。后面紧接着又写那个要去法国读书的女孩和她父亲，也是为托运行李超重时的冲突。很显然，事情本身即行李"超重"，和事情发生时孩子和家长的冲突，孩子毫无顾忌地冲家长的埋怨甚至发火，以及家长的无奈，其语言和行为方式，都是明显的重复。

　　为什么要这样重复？只写其中一件事情可不可以？或者这样问，既然文章的重点写的是前一件事，就集中笔力写好这一件事行不行？

　　当然，写好其中的一件事可以，那是另一种写法。这里所

用的重复，是有意为之的，因为它能够起到重复的作用，这个作用，便是加强对于"超重"这一事情的关注：在同一天，同一个机场，甚至是同一个时间段里，竟然发生着这样完全雷同的事情，特别是孩子们面对"超重"时的表现，竟然如此的不谋而合，仿佛上演同一幕的戏剧，说明了什么？为什么会有这样不谋而合的雷同？可以说，正是前后目睹了这样的重复，让我的心里受到了冲击，说实在的，心里并不好受。这不仅引起我当时的注意和思考，同时再写文章时，也想通过这样的重复，引起读者同样的注意和思考。

有了这样的重复，文章最后的感叹，才会增添了分量："独生子女的一代，理所当然地觉得可以把一切不满和埋怨都发泄给父母。养儿方知父母恩，他们还没到明白父母心的年龄。他们可以埋怨父母的娇惯和期待超重，却永远不该埋怨父母对自己的情感超重。"而引发的关于独生子女一代的感叹，都是出自文章的重复。它们自然而然地让人们由此而引起这样的感叹，现在的孩子们怎么都变成这样子呢？便从个别的现象引起了代际矛盾的思考。如果只是一个孩子关于"超重"的事情，可以是个别的现象，文章所推而广之的对"独生子女"一代的感叹，就会削弱了分量，文章的主题，便很容易在一人一事中浅尝辄止。

再看《孤单的雪人》，在这篇文章中，前后两个孩子堆雪人和在雪人前照相的情景，明显也属于重复。之所以选择了这样两件重复的事情，把它们有意放在一起来写，其目的和《超重》一样，也是希望借助重复来加强文章所表达的主旨。

　　细心的同学可能注意到了，和《超重》相比较，这篇文章所选择的材料，也是一男一女两个孩子。没错，这是有意为之的选择。在雪后堆雪人的孩子中有男有女，有很多人，到处可以看见家长为孩子和雪人合影。选择这样一男一女两个年龄差不多的孩子，和《超重》一样，也是为了色彩的对比。

　　细心的同学也可能注意到了，和《超重》相比较，《超重》更侧重写的是孩子埋怨家长的语言，这篇文章则更侧重写的是孩子和雪人照相时候的行动，完全一样是"那种歪着脑袋小手伸出两根手指，做出V字形的样子"。两篇文章之所以有这样的差别，是在材料的选择中，需要注意材料为文章主旨服务的宗旨，其侧重便有了一些不同。《超重》是要强调"超重"，是父母对孩子的情感永远没有超重这样一说，孩子所重复的埋怨家长的言语的"超重""严重超重"，便与之有了鲜明的对比。而这篇文章则是强调，雪人不再是孩子的玩伴，雪人只是一个陪衬，和雪人合影留念，比玩本身更重要。因此，孩子站在雪人前惯性的姿势和重复的动作，才有了文章主旨所体现的意义。

　　不知道细心的同学还注意没注意到这样的一点，这两篇文章中两次重复之间，分别都出现了作者"我"的穿插。在《超重》中，是那个男孩子和母亲发生冲突的时候，我走了过去，和母子俩的一段交流。在《孤单的雪人》中，是我想起了自己童年时堆雪人、打雪仗的情景。同学们有没有考虑过，这样两

段穿插,在文章中起到了什么作用。

它们所起到了前后两次的重复之间的过渡和衔接作用,是非常明显的。如果没有这样的穿插,前后的两次重复,紧密地挨在一起写,就会显得有些生硬,缺少必要的过渡。此外,也会使得文章的节奏有所缺失,像唱歌一样缺少了必要的换气,一口气唱下来,会显得很累人,多少要有个过门儿。

更重要的一点,是能够加强对文章主旨的表达和深化。这在《孤单的雪人》中,其作用更为明显。回忆我童年堆雪人、打雪仗,目的是和眼前的孩子作比较,如今的孩子缺少了以前和雪亲密接触过程中所带来的天然乐趣,雪人失去了童年独有的生命力,简化为照相的一个道具。如果缺少了这样一个穿插,文章的收尾便显得有些局促,前后两次重复的作用,也就相应地减弱。

附录:

超　重

那天上午在机场送人,飞往法兰克福、伦敦、罗马和巴黎的航班,密集地雨点似的挤在一起。大概正赶上暑假结束,大学开学在即,到处可以看到推着装有大行李箱的推车的学生们,送行

的父母特别多。候机厅里，家庭的气息一下子很浓，像是客厅，相似的面孔不停在眼前晃动。

不时有孩子进了里面去办理登机手续，家长只能够站在候机厅里等，儿行千里母担忧，他们都伸长了脖子，把望眼欲穿的心情付与人头攒动的前方。不时便又看见有孩子匆匆地从里面走了出来，给家长一个渴望中的喜悦。不过，我发现，匆匆出来的孩子大多并不是为了和送行的父母再一次告别，也很少见到有依依不舍的场面，那样的场面，似乎只留给了情人之间的拥抱和牵手。

站在我身边的是一位面容姣好的中年妇女，凉鞋露出的脚趾涂着鲜艳的豆蔻，这样风韵犹存的女人，在我们的电视剧里一般还要在男人怀里撒娇呢。现在，她像是只温顺的猫，眼神有些茫然。不一会儿，我看见一个大小伙子推着行李车，气冲冲地向她走来，没好气地对她嚷嚷道："都是你，让我带，带！都超重啦！"只听见她问："超了多少？"语气小心，好像过错都在自己的小媳妇。"10公斤！"只有儿子对母亲才会这样的肆无忌惮。听口音，是南方人。

于是，我看见母亲开始弯腰蹲了下来，把捆箱子的行李带解开，打开箱子。那是一大一小赭黄色的两个名牌箱。儿子也蹲下来，和母亲一起翻箱里面的东西，首先翻出的是两袋洗衣粉，儿子气哼哼地嘟囔着："这也带！"然后又翻出一袋糖，儿子又气哼哼地嘟囔一句："这也带！"接着把好几铁盒的茶叶都翻了出来："什么都带！"母亲什么话都没说，看儿子天女散花似的把

好多东西都翻了出来，面前像是摆起了地摊。最后，儿子把许多衣服和一个枕头也扔了出来，紧接着下手往箱底伸了，只听见母亲叫了声："被子呀，你也不带了！"

我有些看不过去，走了两步，冲那个一直气哼哼嘴噘得能挂个瓶子的儿子说："10公斤差不多了，你东西都不带，到了那儿怎么办？"儿子不再扔东西了。母亲站了起来，一脸忧郁，本来化得很好的妆，因出汗而坍塌显出些许的斑纹。"先去试试再说。"我接着对那个儿子说，他开始收拾箱子，母亲则把茶叶都从铁盒里掏出来，又塞进箱里。儿子推着行李车走了，我问那位母亲孩子去哪里，她告诉我去英国读书。她脚下的那些东西都散落着，稀泥似的摊了一地。

这时，我身旁另一则，又有一个女孩推着车走到她的父母身边，几乎和那个男孩一样气哼哼的表情，把车使劲一推，推到她父亲的脚前，说了句："严重超重！"父亲和刚才这位母亲一样，立刻蹲下身子，替女儿打开行李箱，我一看，箱子里几乎全是吃的东西，而且全是麻辣的食品，不用说，来自四川。左翻翻，右翻翻，父亲权衡着取出什么好，女儿站在那里，用手扇着风，摸着脸上的汗，说着："这都是我想带的呀！"这让父亲为难了，到是母亲在旁边发话了："把那些腊肠都拿出来吧，那玩意占分量。"父亲拿出了好几袋腊肠，又拿出好几管牙膏、一大罐营养品和几件棉衣，再盖箱子的时候，鼓囊囊的箱子撒了气的气球似的，瘪了下去一大块。女儿风摆柳枝推着车走了，我悄悄地问母亲这是去哪儿，是去法国读书。

独生子女的一代，理所当然地觉得可以把一切不满和埋怨都发泄给父母。养儿方知父母恩，他们还没到明白父母心的年龄。他们可以埋怨父母的娇惯和期待超重，却永远不该埋怨父母对自己的情感超重。

孤单的雪人

北京今年一冬天没有雪，开春了，却一连下了三场雪，纷纷扬扬的，还挺大，仿佛憋足了气，赶来赴什么约会，有什么最后的晚餐似的，过来这村就没这个店的感觉。

下最大的那场春雪的那天上午，我刚出楼门口，看见楼前的空地上一个四五岁的小男孩，拿着一个玩具小铁锹铲雪在堆雪人，他的身旁是两位老人，爷爷奶奶，或者姥姥姥爷，帮助他一起堆。不过，那雪人堆得很小，两老一小，总也堆不起来太多的雪。我对他们喊了句：滚雪球呀！那样多快！可老太太对我说：不知今年的雪怎么了，不怎么成个儿，雪球滚不起来！也是，今年的雪松散得很，有人说是春雪的缘故，也有人说是人工降雪的缘故。

正说着话，孩子的父母从楼里出来了，爸爸脖子上挎着一台单反相机，一看就是尼康D700，妈妈手里拿着一根胡萝卜和一张画报纸叠的帽子，是准备给雪人的装束。然后，就看见妈妈边给雪人插鼻子戴帽子边喊着：快来，宝贝儿，照张相！就看见几

个大人开始摆弄孩子，孩子站在、蹲在雪人的身前身后，伸着小手，歪着脑袋，笑着摆着各种姿势，和显得有些瘦弱得营养不良的雪人合影。不用说，在妈妈爸爸的带领下，孩子常照相，已经是老手，习惯的姿势，轻车熟路，久经沧海。

我心想，堆雪人真的是经典的儿童游戏，时代再怎么变，游戏的内容和方式再怎么变，堆雪人如同经年不化的琥珀，是大自然送给孩子们一款最老也是最好的礼物了。不过，想想，我小时候，堆雪人之前，总要滚一个好大的雪球，孩子们用冻成胡萝卜一样的小手滚雪球，呼叫着，边攒起来的雪球瞅不冷子打别的孩子或塞进脖领子里找乐，边滚雪球，闹成一团，把雪球越滚越大的时候，最为快乐。如今却是难以把雪球再滚起来了，孩子的乐趣也少了好多。就好像做鱼少了腌制的那一道程序，鱼还是那条鱼，做出来却不怎么入味。

回头时，看到那孩子噼里啪啦一通照，已经照完了，一家四口大人正领着孩子走回家呢。心里更想，雪人还是雪人，堆的过程简化了，堆完后玩的过程也简化了，最后就成了照相，雪人只是一个陪衬。

走不远，看到一个小姑娘，大约也就三岁的样子，她的身旁一个小小的雪人已经堆好了。同样，一对父母正在给她拍照，几乎和那个小男孩一样，也摆着各种熟练的姿势，大多相同，是那种歪着脑袋小手伸出两根手指，做出V字形的样子。数码相机的普及，可怜的雪人的功能，就剩下了一种，孩子照相时候的一个道具或背景，就像儿童照相馆里那些一样。留念，

重复的作用

比玩本身重要了。

　　还想，这个女孩，和那个男孩，各堆各的雪人，各照各的相，两条平行线一样，很难交叉。也许都是独生子女的缘故吧，又各住各的楼，即使住同一栋楼，各家防盗大铁门一关，老死不相往来，雪人跟着他们一起孤单起来。想起我小时候，大院的孩子从各家的窗户玻璃里就看见有人在堆雪人了，呼叫着跑出屋，香仨臭俩的，天天上房揭瓦疯玩在一起，拉都拉不开，不凑在一起都不行。忽然明白了，这也是那时候的雪人大的一个原因吧。

　　中午回来的时候，雪已经停了，毕竟是春天，再大的雪化得也快。走进小区，看见那两个孤单的小雪人，已经如巧克力一样黑乎乎的坍塌一地。我想起曾经看过的一部叫做《雪孩子》的动画片，那里的雪人充满想象，变化无穷，活得或者说陪伴孩子们的时间那样长久，发生过那样多美好的故事。当然，那是个童话。如今的雪人，还属于孩子，却难有属于孩子的童话了。

借水行船

—— 文章中材料的引用

　　《公交车落下的花瓣》，这篇文章最初的题目叫做《公交车试验》。写的内容是两位外地的姑娘乘坐公交车的一则小事。其中一位姑娘曾经有过一次乘车忘记带钱，和售票员一说，售票员却让她坐车的难忘经历。这一次她们想如法炮制，却被售票员拒绝。其实，她们并不是有意要逃票，只是想做个试验，没有想到，回忆的昔日重现和心头的美好愿望被迎头砸破。我想写的就是美好的愿望和现实的隔膜与距离。

　　最初文章就在两个姑娘被售票员拒绝后落荒而逃这里结束。写完之后，觉得不过是照相式的记录，还是缺些东西。最后，加上了现在文章最后的一段，引用了美国诗人庞德的那首诗《在一个地铁车站》："人群中这些面孔像幽灵一般显现，湿漉漉的枝条上的许多花瓣。"题目也改为了《公交车落下的花瓣》。是想说如果庞德看到这两个落荒而逃的女人的面孔，会觉得还像美丽的花瓣吗，依此强化一下想象和现实的矛盾的话题。想象被现实击碎，花瓣便不再美丽。

　　写完之后，我也曾犯过犹豫，觉得增添庞德的这一笔，会不会是画蛇添足。但是，我想，增添的这一笔，也许还是利大于弊的。因为多少可以增添一点我们对那两个姑娘的试验流产之后能够引发我们的一些思考，增添一点这两个姑娘试验初衷那种美好愿望和形象的书写，而不是像以前那样，只留下两个姑娘落荒而逃的背影，只有些漫画的感觉。

文章中引用他人的材料来丰富自己的内容，加强自己的言说，引申自己的主题，是写作常常用的一种方法。我喜欢用这种方法，因为自己的力量不足，常常需要借力，就如同我们站在巨人的肩膀上，才可以看得更高更远，也才能够得到树上原本不能够到的果子或花枝。

我管这种方法叫做"借水行船"。

在另一篇文章《杜梨树》中，我采用了同样的方法。这篇文章以一棵老杜梨树为例，写城市拆迁中对树木无情的砍伐破坏的现象，为抒发对这一残酷现实的叹息之情，我引用了中国作家刘恒的小说和俄罗斯作家柯切托夫的材料。前者讲的是为解决结婚无房问题盖小房时，没有舍得把院子中的树砍掉，而是把树盖进房子里面的故事。后者说的是一座城市修路，中间遇到一棵老树，这座城市的领导和专家一起讨论，要不要为了路把树砍掉？最后，为了树，路改道绕了一个弯的故事。想依此加强说明的是，人家——无论作为个人还是领导者，对一棵树都可以做到如此的爱护，我们对于城市里那些有生命有历史的古树老树，怎么就能够如此大砍大伐，毫无顾忌呢？

可以设想，如果没有这样两则材料的引用，那么，一棵老

杜梨树砍了也就砍了，你抒发一下痛惜之情和忧虑之感，抒发了也就抒发了，针对的只是一棵老杜梨树而已。你的抒发只是集中在一棵杜梨树上，而不会展开更宽阔一些的场景和思路。这就是我们的同学作文最常犯的毛病：就事论事，跳进一个水池里趟水，只会扎在这个水池里扑腾，而不会跳出这个水池，跳到一条河里，或一个海里，让自己的眼界更为开阔，潮平两岸阔，风正一帆悬。

我所说的"借水行船"，引用的用途和长处，便是可以帮助我们由此及彼，以点带面，将文章的内容和主题进一步引向开阔和深入。在《杜梨树》这篇文章中，有了这两则材料的引用，便会使得这棵老杜梨树和其他很多的老树古树发生了关系，这棵老杜梨树的命运感以及它所连带的对这座城市开发与建设的反思意义便会加强。而文章的结尾说这棵老杜梨树最终还是被砍伐了，但材料中的那两棵树却还在，便有了对比的触目惊心。其中的感情色彩和思辨色彩，就会多少有些加强加深。

在这里，提醒同学们需要注意的有两点：一是需要我们在平常多读一些书，材料的引用，信手拈来在于平常学习中的发现和积累，所谓"书到用时方恨少"。二是材料的引用要恰当，不宜太多太满，要适可而止，不可以为既然是"借水行船"，借来的水越多越好，越大越好。我们有些同学一般愿意把引用的材料占据文章的很大的篇幅，怕说不清楚，便索性把材料都抄上去；或是以材料来替代文章的内容和自己的论述。

这两点，常常是材料引用臃肿问题的基本原因。前者是出于担心，后者是出于懒惰。

材料的引用，也需要锻炼。这就是作文基础学习和阅读练习中的发现和概括、缩写和改写的能力的训练。要从这方面入手，甚至补课。

附录:

公交车落下的花瓣

那天等公交车，站台上，我前面站着两个姑娘，看装束模样，像打工妹。寒风中，车好久没有来，两人跺着脚，东扯葫芦西扯瓢地聊了起来。聊得挺带劲儿，时不时忍不住咯咯笑。听她们的言谈话语，才知道已经不是姑娘了，都刚结婚不久，嘴里的"老公，老公"跟蹦豆儿似的，叫得亲得很。

其中一个系着红头巾的女人，对戴着黑白相间毛线帽的女人说起自己和老公的一次吵架，说得兴味盎然。我听得真真的，前些天，她和老公吵架，一气之下，跑出了家门，一走走了老远，走到天快黑了，想起回家，坐上公交车，才发现自己穿的连衣裙没有一个兜，自然没带一分钱。她对戴毛线帽的女人说：你知道我和我老公结婚后租的房子挺偏的，得倒两回车，没钱买票，心

想这可怎么办？我就对售票员说我忘了带钱，你让我坐车吧。人家还就真的没跟我要钱。倒下一趟车的时候，我又说我忘了带钱，你让我坐车吧，人家又没跟我要钱。我都到家了，我老公还在外面瞎找我呢，等他回来天都黑了，他进门看我在家里，问我是不是打车回来的？我笑他，没带一分钱，还打车呢？说着，两个女人都像得了喜帖子似的笑了起来。售票员的善意，让小夫妻之间不愉快的吵架也变得有了滋味。

毛线帽对红头巾说：北京公交车售票员小丫头片子的眼睛长得都比眉毛高，没刁难你，让你白坐车，算是让你碰上了！

红头巾对毛线帽说：要不待会儿来车了，你也试试？你就说没带钱，看看是不是和我一样，也能碰上好人？

毛线帽拨浪鼓似的连连摆头：我可不敢，让人家连卷带损的数落一顿，别找那不自在！

红头巾却一个劲儿地怂恿，边说边推了一把毛线帽：没事，你试验一次嘛！

毛线帽回推了一把红头巾：要试你试！

红头巾撇撇嘴：胆子这么小，我试就我试，给你看看！

正说着，公交车已经进站，停在她们的前面，车门吱的一声开了。两人脚跟着脚地上了车。车上的人不算多，有个空座位，两人让给了我，好像故意让我坐下来好好看她们接下来的表演。

红头巾走到售票员地前面，毛线帽拽着吊环扶手没动窝，眼瞅着她怎么张开口。售票员是位四十多岁的大嫂，眼睛一直盯着向自己走过来的红头巾，以为是来买票的，没有想到红头巾说：

阿姨，我忘了带钱了，您看看能不能让我坐车呀？售票员面无表情，抬起手，一根细长的食指毫不客气地指指后面的毛线帽说：你没带钱，她也没带钱怎么着？

得，今天遇到的售票员不是个善茬儿，试验刚开始，就卡壳了。幸亏红头巾反应得快，回过头也指了指毛线帽说：我们不是一起的。毛线帽只好配合着赶紧点头又摆手。谁知售票员久经沧海，眼睛里不揉沙子，对她们两人说：行啦，进站时候我早看见了，你们俩推推搡搡连打带闹的，还说不是一起的！

像一个气球，还没飞起来，就被一针无情地扎破，满怀信心想试验一把，让夏天那个美好的回忆重现，没想到演砸了。红头巾一下子尴尬起来，瘪茄子似的耷拉着头，不知如何是好。售票员步步紧逼，嘴里不停地说：快着吧，麻利儿的赶紧掏钱买票，一块钱一张票都舍不得花？说得满车厢的人的目光都落在红头巾的身上，毛线帽赶紧走上前去，掏钱替红头巾买了票。红头巾才像沉底的鱼又浮上水面缓过了神儿，对售票员解释：阿姨，不是我不想买票，我是想试验一下，看看……售票员撕下票塞在她的手里打断她：行啦，试验什么呀？像你这样逃票的，我见得多了！

我心里在想，售票员应该把红头巾的话听完，就明白了红头巾坚持试验的一点小小的愿望，兴许就是另一种结局。但也说不好，即使知道了红头巾试验的愿望，没准照样是这种结局。如今很多事情，结尾常南辕而北辙，美好芬芳的愿望如旷世的童话，早已经被现实磨烂得成了一双臭袜子被随手丢弃。

车开了两站，我到了，车门打开，刚下车，发现那两个女人也下了车，落荒而逃似的从我身旁跑走，只是一边跑一边咯咯地笑。过了很多天，脑子里还总是出现这个场面。有一天，忽然莫名其妙地想起了美国诗人庞德曾经写过一首叫《在一个地铁车站》的诗，很短，只有两句："人群中这些面孔像幽灵一般显现，湿漉漉的枝条上的许多花瓣。"事后庞德解释这首诗时说，他是在巴黎一个地铁车站，走出车厢的时候，看见了一个美丽的儿童的面孔，一个美丽的女人的面孔。我很难想象，如果庞德看到这两个落荒而逃的女人的面孔，会觉得还像美丽的花瓣吗？

杜　梨　树

　　老北京以前胡同和大街上没有树，孔尚任有诗说：前门辇路黄沙软，绿杨垂柳马缨花。那样的情况是极个别的。北京有了街树，应该是民国初期朱启钤当政时引进了德国槐之后的事情。那之前，四合院里是讲究种树的，大的院子里，可以种枣树、槐树、榆树、紫白丁香或西府海棠，再小的院子里，一般也要有一棵石榴树，老北京有民谚：天棚鱼缸石榴树，先生肥狗胖丫头。这是老北京四合院里必不可少的硬件。但是，老北京的院子里，是不会种松树柏树的，认为那是坟地里的树；也不会种柳树或杨树，认为杨柳不成材。所以，如果现在你到了四合院里看见这几类树，都是后栽上的，年头不会太长。

如今，到北京来，在南半截胡同的绍兴会馆里，还能够看到当年鲁迅先生住的补树书屋前那棵老槐树。那时，鲁迅写东西写累了，常摇着蒲扇到那棵槐树下乘凉，"从密叶缝里看那一点一点的青天，晚出的槐蚕又每每冰冷落在头颈上"（《呐喊》自序）。那棵槐树现在还是虬干苍劲，枝叶参天，起码有一百多岁了，比鲁迅先生活的时间长。

在上斜街金井胡同的吴兴会馆里，还能够看到当年沈家本先生住在这里时就有的那棵老皂荚树，两人怀抱才抱得过来，真粗，树皮皴裂如沟壑纵横，枝干遒劲似龙蛇腾空而舞的样子，让人想起沈家本本人，这位清末维新变法中的修吏大臣，我们法学的奠基者的形象，和这棵皂荚树的形象是那样的吻合。据说，在整个北京城，这是屈指可数最粗最老的皂荚树之一。

在陕西巷的榆树大院，还能够看到一棵老榆树。当年，赛金花盖的怡香院，就在这棵老榆树前面，就是陈宗藩在《燕都丛考》里说"自石头胡同西曰陕西巷，光绪庚子时，名妓赛金花张艳帜于是"的地方。之所以叫榆树大院，就因为有这棵老榆树，现在，站在当年赛金花住的房子的后窗前，还可以清晰地看到那榆树满树的绿叶葱茏，比赛金花青春常在，仪态万千。

但是，说老实话，给我印象最深的，还都不是上述的那些树，而是一棵杜梨树。

两年多前，我是在紧靠着前门的长巷上头条的湖北会馆里，看到的这棵杜梨树，枝叶参天，高出院墙好多，密密的叶子摇晃着天空浮起一片浓郁的绿云。虽然，在它的四周盖起了好多小厨

房，本来轩豁的院子显得很狭窄，但人们还是给它留下了足够宽敞的空间。我知道，人口的膨胀，住房的困难，好多院子的那些好树和老树，都被无奈地砍掉，盖起了房子。刘恒的小说《贫嘴张大民的幸福生活》，被改成电影，英文的名字叫做《屋子里的树》，是讲没有舍得把院子中的树砍掉，但盖房子时把树盖进房子里面了。因此，可以看出湖北会馆里的人们没有把这棵杜梨树砍掉盖房子，是很不容易的事情，也是值得尊敬的事情。

那天，很巧，从杜梨树前的一间小屋里，走出来一位老太太，正是种这棵杜梨树的主人。她告诉我她已经87岁，十几岁搬进这院子来的时候，她种下了这棵杜梨树。也就是说，这棵杜梨树有将近80年的历史了。

一年前的冬天，我旧地重游，那里要修一条宽阔的马路，湖北会馆成为了一片瓦砾，但那棵杜梨树还在，清癯的枯枝，孤零零地摇曳在寒风中。虽多少有些凄凉，但毕竟还在。我想起了俄罗斯作家柯切托夫写过的一篇小说，说一座城市修路，中间遇到一棵老树，于是这座城市的领导和专家一起讨论，要不要为了路把树砍掉？最后，为了树，路绕了一个弯。心里为这棵杜梨树庆幸，也许为了它，新修的马路也会绕了一个弯。

前不久，我又去了一趟那里，马路已经快修平展了，但那棵杜梨树却没有了。

把零散的珠子串起来

—— 素材的处理方法一种

写作的时候，常常会出现这样的一种情况，摆在自己面前的素材有很多，不知该怎么处理才好。如果是一人一事还好，怕的就是素材多了，反倒按下葫芦起了瓢，不知哪炕热。

这里有两个问题需要解决，一是选材，先要从众多的素材中挑选出来为我所需的。什么样的素材叫为我所需？所需，就是自己好处理的那些素材。什么叫好处理？好处理，就是放在文章中既合适又好写的。

一般，我会选择那些相近和完全相反的两种。相近的，就好像把性情相近的动物或鸟关进一个笼子里，避免它们彼此打架，处理起来好办些。相反的，则色彩对比鲜明，写起来也好写。如果把这两者混加在一起，一般会比较难处理，尤其对于初学写作的同学而言。但加在一起的好处，是让所选择的这些素材有了对比，使得文章容易有跌宕起伏，更为热闹而精彩。这种方法比单一种素材集中一起的写法的便利之处，正在于此。

二便是选材之后的具体处理。处理的法子有多样多种。在

这里，我介绍其中一种最简便易行的，简便易记，我称之为串联法。

以《阳光的三种用法》为例。写的是童年往事。往事，并不是是事情就可以往上堆，写那么几件难忘的，不管它们之间有没有联系，茄子葫芦一起煮，就可以万事大吉。那样的话，往往容易东一榔头西一棒子，由于没有什么内在的联系，而容易写得零乱，自己想要说的不明确。

过去关于散文的写作有一句老话，叫做"形散而神不散"，说的是素材的运用看起来零散，但有一个神在那里统领着，便使得文章有了主心骨一样，是统一的。这个神，在我看来，其实没有那么神秘，就是能够串联起那些零碎素材的一个线，串起来了，那些零散的素材，变成为闪烁的珠子，甚至是精彩绝伦的佛珠。先决条件，是要把那些相近或相反的素材挑出来，挑的过程，就是串的过程必不可少的前奏。

这篇文章中，我将童年中很多往事都筛下了，只剩下了和阳光相关的三件事。那么，可以看出，所谓的选择是以一个主心骨为轴心的，阳光便是串联起那三件事情的主心骨。这三件事，分别是我母亲晒被子，说是可以"把老阳儿叠起来了"，晚上睡觉时暖和；毕大妈让太阳晒大水缸里的水，晒得暖和了，等孩子放学回来洗澡用；邻居家的孩子则用放大镜聚焦太阳光，把蚂蚁晒死。

首先，这三件事，分别去写，可以不可以呢？当然可以，只是会显得比较简单。把三件事放在一起写，有什么好处呢？

聪明的同学或许已经看出了，这三件事，前两件是相近的，后一件则是相反的。如果一味的相近，只是数量的叠加，没有质的变化，文章就会显得平。有了相反的事情出现，会造成对比，噢，阳光的用法，并不全是像母亲和毕大妈那样的温馨，还有像邻居家小孩子的那种残忍，阳光用法的含义便丰富了一些。串联起的珠子有一颗色彩不一样的，使得这串珠子会更跳跃些，而避免了色彩的单调，文章就跌宕起伏了一些。

再举一个例子，《孤独的比赛》，想进一步说明串联法的做法。这是一篇写体育比赛的短文，却不是说一场比赛，而是把很多发生在赛场内外的运动员很多孤独的景象串联在一起，构成文章。很显然，孤独就是串联起那些珠子的线。寻找到了这根线，珠子怎么找，怎么串，就是我要做的事情。

和《阳光的三种用法》的做法一样，我也要先挑选一些相近的，即全部都是因比赛失败而孤独的，如张秀云、雷德蒙德、布勃卡、刘翔等人。但是，我不能全部都选这种失败的孤独，所以最后我选了同样属于胜利者而没有孙杨和叶诗文名气大的焦刘洋，和那个醉汉将啤酒瓶子像扔炸弹一样，扔到了正在准备起跑的运动员的身后，那位却依然全神贯注的孤独的运动员。有了后两位的对比，便拓宽比赛孤独的内涵以及多样性，并不只是失败造成了孤独，而是体育比赛的本质造就了运动员必定是孤独的，因为在比赛的那一刻，他们必须面对自己的内心，全神贯注地投入，而忘记整个世界。这样一来，前面所举的那些因失败而孤独的有名的运动员，便加深了他们孤独

的意义。失败而孤独的悲剧色彩，便被比赛本质的孤独的悲壮色彩所延伸和拓宽。

可以看出，这里所用的这样串联起来的最后两颗珠子，和《阳光的三种用法》里最后聚焦阳光晒死蚂蚁的那个邻居家的小孩子的那颗珠子，其用法是相同的，但作用有所不同。这里的这两颗珠子，不仅因色彩不同而让这串珠串更加明亮耀眼，让文章有了起伏跌宕，而且，让文章的主题也进一步拓宽深入。

需要注意的是，这种串联法所选择的那些相近和相反的素材的比例，聪明的同学一定发现，后者是少于前者的。当然，这只是我的习惯选择，同学们可以有自己的选择。但有一条切忌，便是不要弄得两者比例相当，打擂似的，一般会影响文章最后的跌宕和意义的突出。

附录：

阳光的三种用法

童年住在大院里，都是一些引车卖浆者流，生活不大富裕，日子各有各的过法。

冬天，屋子里冷，特别是晚上睡觉的时候，被窝里冰凉如铁，家里那时连个暖水袋都没有。母亲有主意，中午的时候，她把被子抱到院子里，晾到太阳底下。其实，这样的法子很古老，几乎各家都会这样做。有意思的是，母亲把被子从绳子上取下来，抱回屋里，赶紧就把被子叠好，铺成被窝状，留着晚上睡觉时我好钻进去，被子里就是暖呼呼的了，连被套的棉花味道都烤了出来，很香的感觉。母亲对我说："我这是把老阳儿叠起来了。"母亲一直用老家话，把太阳叫老阳儿。

从母亲那里，我总能够听到好多新词儿。把老阳儿叠起来，让我觉得新鲜。太阳也可以如卷尺或纸或布一样，能够折叠自如吗？在母亲那里，可以。阳光便能够从中午最热烈的时候，一直储存到晚上我钻进被窝里，温暖的气息和味道，让我感觉到阳光的另一种形态，如同母亲大手的抚摸，比暖水袋温馨许多。

街坊毕大妈，靠摆烟摊养活一家老小。她家门口有一口半人多高的大水缸。冬天用它来储存大白菜，夏天到来的时候，每天中午，她都要接满一缸自来水，骄阳似火，毒辣辣的照到下午，晒得缸里的水都有些烫手了。水能够溶解糖，溶解盐，水还能够溶解阳光，大概是童年时候我最大的发现了。溶解糖的水变甜，溶解盐的水变咸，溶解了阳光的水变暖，变得犹如母亲温暖的怀抱。

毕大妈的孩子多，黄昏，她家的孩子放学了，毕大妈把孩子们都叫过来，一个个排队洗澡，毕大妈用盆舀的就是缸里的水，正温乎，孩子们连玩带洗，大呼小叫，噼里啪啦的，溅起一盆的水花，个个演出一场哪吒闹海。那时候，各家都没有现在普及的

热水器，洗澡一般都是用火烧热水，像毕大妈这样法子洗澡，在我们大院是独一份。母亲对我说："看人家毕大妈，把老阳儿煮在水里面了！"

我得佩服母亲用词儿的准确和生动，一个"煮"字，让太阳成为了我们居家过日子必备的一种物件，柴米油盐酱醋茶，这开门七件事之后，还得加上一件，即母亲说的老阳儿。

真的，谁家都离不开柴米油盐酱醋茶，但是，谁家又离得开老阳儿呢？虽说如同清风朗月不用一文钱一样，老阳儿也不用花一分钱，对所有人都大方而且一视同仁，而柴米油盐酱醋茶却样样都得花钱买才行。但是，如母亲和毕大妈这样将阳光派上如此用法的人家，也不多。它们需要一点智慧和温暖的心，更需要在艰苦日子里磨炼出的一点儿本事，这叫做少花钱能办事，不花钱也能办事，阳光才能够成为居家过日子的一把好手，陪伴着母亲和毕大妈一起，让那些庸常而艰辛的琐碎日子变得有滋有味。

对于阳光，大人有大人的用法，我们小孩子也有小孩子的用法。我家的邻居唐家是个工程师，他家有个孩子，比我大两岁，很聪明，就算喜欢招猫逗狗，总爱别出心裁玩花活儿。有一次，他拿出他爸爸用的一个放大镜，招呼我过去看。放大镜我在学校里看见过，不知他拿它玩什么新花样。我走了过去，他在放大镜地下放一张白纸，用放大镜对着太阳，不一会儿，纸一点点变热，变焦，最后居然烧着了起来，腾的蹿起了火苗，旋风一般把整张白纸烧成灰烬。

又有一次，他拿着放大镜，撅着屁股，蹲在地上，对准一只蚂蚁，追着蚂蚁跑，一直等到太阳透过放大镜把那只蚂蚁照晕，爬不动，最后烧死为止。母亲看见了这一幕，回家对我说：老唐家这孩子心那么狠，小蚂蚁招他惹他了，这不是拿老阳儿当成火了吗？你以后少和他玩！

有一部电影叫做《女人比男人更凶残》。有时候，小孩比大人更心狠，小孩子家并不都是天真可爱。

孤独的比赛

说起奥运会，歌手莫文蔚说：有些体育运动是孤独的运动，比如游泳和跑步，只要一个人随时都可以进行。她说得有道理吗？或许，作为体育运动，可以是孤独的，一个人独对青山或绿水；作为比赛，还可以是孤独的吗？那么多人观看，那么多记者采访，热闹到爆棚，哪里还有一点孤独的影子？

想想，也不尽然。

看伦敦奥运赛艇比赛，本来跃跃欲试夺金牌的张秀云落败，水边只有她的丈夫抱着孩子，开阔的水面，越发显得寥落。她确实显得挺孤独的。唯有亲人，是她孤独的影子。或者说，唯有亲人，是遮挡孤独的绿荫。

忍不住想起巴塞罗那奥运会400米半决赛，那时候，我在现场，亲眼看见英国选手雷德蒙德跑到一半时突然受伤，眼睁着别人早都撞线，离他远去。他一条腿跳着，忍着疼痛，坚持跑到终

点。在空旷的跑道上陪伴他的，只有从看台上不顾一切阻拦疯狂跑下来的他父亲。他确实显得挺孤独的。陪伴他的，唯有他的父亲，没错，亲人是陪伴孤独的影子，是遮挡孤独的绿荫。

整整20年过去了，如今的伦敦奥运会上，谁还记得他们的同胞雷德蒙德？再过20年，又有谁还能够记得曾经奋斗十多年从一个姑娘变成一个妈妈最终不得不接受失败的张秀云？

看刘翔此次沉重而痛苦的惊心一摔，看他无比痛楚地握住自己的脚，看他单腿蹦着来到他最后一个栏杆前和终点前，看他垂下头亲吻跨栏，谁能理解这一刻刘翔内心的痛苦和所思所想的一切？虽然，有运动员搀扶着他，但最后他还是独自坐在轮椅上离开了赛场。即使满场响起了雷鸣般的掌声，那一刻，他显得分外的孤独和无奈。要知道，整整准备了4年的时光啊，4年来，几乎每一天都是在训练场、饭堂和宿舍这样三点一线之间单调而艰苦地训练，几乎每一天他都要和自己的伤病做斗争。运动员的命运注定在这样孤独中进行和完成，并且必须接受无论成功还是失败、无论受伤还是流血的最后结局。风花雪月般的荣誉和喧嚣鼎沸的热闹，不过是为这样的孤独镶嵌起的一个耀眼的花边。

想起刘翔，便忍不住想起巴塞罗那奥运会上的布勃卡，在5米70的横杆前，三次未过，连成绩都没有。他得到的远远没有刘翔退场时候的满场掌声。想当时看他失败后把自己的撑杆插进袋中，要求自己把撑杆带出场地，被裁判员断然拒绝，告诉他撑杆会有工作人员统一拿出场地。然后，看他落寞而痛苦地坐在横杆旁不停地喝水，没有一个人过去陪伴他一下，安慰他一下。就看他一个人坐在那里，对于他，偌大的体育场和那一晚漫天明亮的星星，仿佛都不存在了似的，只有他独自一人去吞咽失败的苦果。大概是在场地里待的时间长了，被裁判员命令必须退场，并派人带着他离开场地。看他像犯错的孩子跟在那人的身后，听着全场对他发出的嘘声，真的很替他难受。我跑到赛场外的通道等候他出来时冲着他高叫了声：布勃卡！在此之前我采访过他，我招呼着他能够过来。他抬起头看了我一眼，立刻垂下头，一声不吭地离去。他确实是孤独的，没有亲人在身旁，也没有知音在身旁，只有势利的观众和冷冰冰的裁判员，他便显得越发的孤独。

但不要以为仅仅是比赛的失败者才是孤独的。伦敦奥运会上风光无限的金童玉女孙杨和叶诗文回国，在机场遭到热情体育迷疯狂的围堵，而将同样夺得金牌的焦刘洋甩在一旁，同机回国的其他不知名的运动员，更是门前冷落鞍马稀了，冷热对比中，更加显得孤独。从来都是向阳花木易为春，人们的脸容易如葵花向阳一般并喜新厌旧地转向成功的大腕。从本质而言，包括体育在内的一切艺术，都是孤独的，因为他们最后面对的不是荣誉金钱或大众，而是自己的内心。孤独，便是奥运会赛场上必不可少的一道风景。孤独，让运动员可能会落寞，却可以让他们更加专注，更加投入，而进入新的境界。所以，伦敦奥运会的田径赛场上男子百米赛时，那个英国的醉汉将啤酒瓶子扔进了赛场，像扔炸弹一样，扔到了正在准备起跑的运动员的身后，运动员一点儿都没有察觉。

糖葫芦法则

—— 素材的处理方法另一种

珠子串联法,自有其好处。单一素材集中在一起,便真的没有不同的珠子串联法好?或者一样可以简便易行吗?

其实,也不见得。什么样的方法,都是因文章的主旨而异的。文章确定的主旨,和文章选用的素材,两者的关系,是有相互作用力的,不一定非要以谁为主或为准的。关键看你自己的需要。

这里所说的需要,一般指的是两个方面:一是根据自己所占有的素材来确定主旨,是现汤煮现面的方法;一是先确定好文章的主旨,再来选择相适配的材料,是根据自己房间的大小和风格,先有一个设计图,再来选择装修材料的需要和配备。这两个方面,有个先后的问题,先后的不同,材料的选择和处理的方法也就有所不同。

《亲笔信》,用的便是后者的方法。这篇文章是针对当前伊妹儿和手机短信盛行而手写信的沦落现状,有感而发,试图说明在多媒体时代手写的亲笔信的价值和意义。主旨很明确,是提笔之前事先就设计好的。如何根据这样一个主旨来选择材料，其实就是如何让材料来更好说明这一主旨。所谓好，就是要生动形象，只有生动形象，才会有说服力和感染力，而不是一条干巴巴的主旨空对空的言说。因此，选择材料，我有两条原则：一是要有能够和这个主旨相关的，而不要离题；二是要生动形象具体的，而不要干巴巴的说教。

在这篇文章中，用了如下几则材料：一是学者陈乐民先生的遗作《给没有收信人的信》，全部毛笔书写；二是作家刘心武的小说《到远处去发信》，老邮递员退休前，一辈子送信却没有收到过别人给他自己的一封信，就自己写了一封信；三是契诃夫的小说《万卡》，写给爷爷没有地址的信；四是电影《传信人》中少年偷拆别人的信；五是我写给不识字的母亲的信；六是《TimeOut》杂志组织的亲笔书信的活动；七是契诃夫小说《统计》中邮局收到的信件内容的分类统计。

这七个材料，有其统一性，也有其差异性。统一性，是所有的材料都是亲笔信；差异性，是七个和亲笔信相关的材料之间呈递进关系。陈乐民先生的毛笔书写因本人是学者，有其理所当然的一面；而老邮递员自己写给自己的信，即便不是毛笔书写，却更为动人，较前者进了一层；万卡给爷爷的那封没有地址而永远无法寄达的信，则比老邮递员的信又进一层，因为老邮递员的信毕竟可以收到；因情愫懵懂的少年，私拆他人信件，则是和给别人写信和自己收信完全不一样的举动，因信导致的行为方式的变化，让文章有了新的变化和递进；我写给不识字母亲的信，相反可以让母亲识得，并在关键时刻起到了作

用，显然，又是一层新的变化和递进。最后两则材料，是文章的总结，一借亲笔写信的活动呼唤亲笔信重新走进我们的生活；一是借契诃夫的小说中的统计数字，进一步说明不管什么样的内容，只要是亲笔信，对于我们今天的生活都是需要的，不可或缺的。

可以看出，材料的统一性，是选择材料的基础。这一点，同学们一般都容易做到。材料的差异性，也不难做到，难的是如何在这些不同的材料中找出彼此的联系和关系来，特别是找出它们之间的递进关系，从而更好地为文章的主旨服务。这需要对材料的分析能力，更需要的是，把握这些材料和文章主旨的相互依存的关系，才能够让这些材料和文章的主旨紧紧地拧在一起。也就是说，你自己对文章主旨，首先要有一个层次递进的明确要求和大致的设置，才会把材料用活，用得恰当，用得事半功倍。材料和主旨，便容易在写作之中相互作用，彼此促进，起到水花相激，后浪推前浪的作用。

这篇文章所选用的材料，毕竟密集，所起的作用，是希望用这样一连串的材料，连发炮弹一样，各个集中主旨，进一步说明主旨，让文章更有气势和力量。在这里，用的就是我说的糖葫芦法则：统一性的材料，是糖葫芦的一个个山里红；差异性的材料，是糖葫芦串起来的由小到大的山里红，到达顶尖的那颗山里红最大，便是文章结尾的高潮处；而材料的密集，则会让这串糖葫芦更漂亮更醒目，如同北京过年逛庙会时卖的那种大串糖葫芦，三五尺足够长，成为庙会的一种风景。

这种方法，同学们可以试一试，一定会带给你们不一样的收获，甚至惊喜。

附录：

亲 笔 信

如今伊妹儿和手机短信盛行便捷，传统的信，早已经没什么人写了。据统计，现在邮局里只有不到百分之十是私人信函，这些信封和信瓤，不知又有多少是打印机里打印出来的。

所谓传统的信，是需要自己用笔来手写。过去写信时常用的一句话，是"见字如面"，那是要看见信上亲笔写的字才是，每个人的字体都不一样，即便写的字再歪歪扭扭，也是自己写的，沾着心情和体温，像是闻到乡音一样，让收信人亲切，一望便知，而为自己独有。所以，过去古人接到书信，才有"长跪读素书，书中竟何如"那样的虔诚，才有鱼雁传书的美丽传说，才有"家书抵万金"的动人诗句。

在最近一期的《万象》中，看到前辈学者陈乐民先生的遗作《给没有收信人的信》，全部毛笔书写，信中拳拳心意是随蝇头小楷字字花开的，和电脑键盘里机械打出信件无法伊妹儿和手机短信盛行同日而语。陈先生这样的信，大概是一襟晚照，属于最

后的古典了。

  一个一辈子没有亲手写过一封信的人，或一辈子没有收到过别人亲笔写给自己一封信的人，都是不完整的人生。如今电脑非常发达，点击几下键盘就可以轻松地发出一封信。最可怕的是手机短信，它是伊妹儿的缩写版，那里早已经储藏着无数条短信，按你所需，任你所取，就像是一副扑克牌，可以来回地洗牌，组合成不同的条目，供你在任何节日里发给任何人。据说，编纂手机短信已经成为了现如今的一种职业，和过去替人代写书信的职业相似。不过，也不像，过去代写书信，总还带有代写者手上的一缕墨香，带有属于你自己的一份真实，手机短信却如烟花女子一样，很可能在刚刚发给你之后，又马不停蹄地发给了另外一个人，在几乎同一时刻，大家不约而同地接收到同一条一字不差的短信。有时候，真觉得科技是人类情感的杀手，用貌似最迅速的速度和最新颖的手段，扼杀人类心底最原始也是最朴素的诉说。

  我要说，还是珍惜手写的家信，节假日里，特别是在春节的大年夜前，起码该给自己的亲人亲手写一封平安的信、祝福的信。家书抵万金，家书抵万金呀，仅仅从电脑或手机里发出的信，还能够抵得上万金吗？

  记得二十多年前，刘心武曾经写过一篇《到远处去发信》的小说，写的是当了一辈子的老邮递员退休了，给别人送过那么多的信，却还没有接过别人给他自己写来的一封信，就自己写了一封，跑到老远的地方，把信投到邮筒里，让自己这辈子也收到一封亲笔信。

即使如契诃夫写的小说《万卡》里学徒小万卡寄给爷爷那一封永远无法寄达的信，只在信封上写着"寄乡下爷爷收"，而没有写上收信人的地址，但那也是万卡用笔蘸着墨水一字一字写成的呀！

好多年前看过英国剧作家品特的电影《传信人》，那个少年心仪并暗恋同学漂亮的姐姐，为这位比自己大好多岁的女人和她的情郎偷偷地传信，当好奇心让他忍不住拆开其中的一封信的时候，心目中的女神写给别人热辣辣的亲笔信，让这位少年惊慌和震撼的情景，逼真地道出了亲笔信的力量。

三十多年前，我突然收到母亲请邻居帮忙拍来的电报，得知父亲病逝，忙从北大荒赶回北京奔丧。一路上心里都奇怪，母亲不识字，家中只剩下她独自一人，慌乱之中怎么会找到我的地址并能够一眼认出来？回到家，看见母亲的床垫底下，压着的都是我写给家里的信。母亲不认字，但熟悉的字迹让她知道那就是我，枕在那些信上睡觉，让她心里踏实。她就是拿着床垫下其中的一封信，请邻居打的电报。

可能正是看到了亲笔信的力量和意义所在，有人想竭力挽住已经渐行渐远的亲笔信。看最新的一期 *Time Out* 杂志上介绍，有一网站，举办这样一个活动，叫做"陌生人，让我手写一封信给你"。活动这样说："你多久没收到过信了？你多久没给人手写过信了？让我手写一封信给你，让我的心情化成字迹、装进信封、贴上邮票、扔进信筒，让邮差交到你的手里。现在开始，留下地址，让我写一封信给你。"我不知道会有多少人能够给他们

留下自己的地址，换取一封久违的亲笔信，因为我不知道有多少人还在乎一封亲笔信。

还是契诃夫，他写过一篇《统计》的短篇小说。在这篇小说里，他借用果戈理《钦差大臣》里的邮政局长希彼金的口吻，统计出这样的一个数据：邮局收寄的100封信件里，其中5封是情书，4封是贺信，2封是稿件，72封则是没有什么内容的无聊的信。我对契诃夫这样讽刺夸张的统计数据，心生不满。即使72封都是没有什么内容的信，也并非无聊。平常人的书信往来，可不都是些家长里短吗？要什么深刻而超尘拔俗的内容？更何况，都是亲笔写的信呢。

不管怎么说，还得是自己亲笔写的信才好。亲笔写的信，无论对于看的人，还是写的人，感觉都不一样，滋味都不一样。就像清风和电扇或空调吹来的风不一样，就像鲜花和纸花或塑料花不一样，就像肌肤之亲和隔着手套握手或戴着口罩亲吻不一样。

独下千行泪，开君万里书。亲笔信，只有亲笔信，才能让你有这样的心情，又能让你如此的动情。

折叠法、悬念和衬托

——文章的结构处理

一篇文章的结构处理，就像一座花园布局的设计，从哪儿入门，从哪儿出门，哪儿是重要的花坛，哪儿是连接花坛的草坪和树木，哪儿是曲径通幽的甬道，哪儿是休息的座椅，等等，设计时都是有讲究的。文章的结构处理，也应该是这样有讲究才行。就像好多花园看上去非常漂亮，却看不出一点人为设计的痕迹，好的文章结构也应该是鸟飞天际了无痕迹一样自然才是。这应该是我们学习写作必须努力的方向，也是文章结构处理的难点。

当然，这和文章的构思有关，但结构又不完全等同于构思，而应该是在构思完成之后具体的安排。构思是设计的蓝图，结构则是能够具体落实在实际中的立体三维图纸了。

很多同学读过我的《喝得很慢的土豆汤》之后，都觉得写得不错，而且认为很自然，以为生活的实际就真的如文章写的那样一种顺序，写作就是如照相一般顺着这个顺序，水一样流淌下来，完成得很方便。其实，不是这样的，文章是经过构思之后进行了结构具体安排的结果。

这篇文章的构思很明确，围绕着土豆汤和那个胖乎乎的小姑娘服务员做文章，一共包含着三次喝土豆汤：第一次是暑假里，我和妻子和孩子，在与孩子分别之际，全家一起喝的土豆汤；第二次是两个月后，我和妻子路过这家餐馆，一起喝的土豆汤；第三次是又过了几个月，冬天到来的时候，我看见小姑娘和从老家来北京看望她的父亲一起喝土豆汤。

如果按照时间顺序，应该是这样才是。如果按照我有了写作的冲动并有了文章最初的构思，应该是在第三次看见了父女喝土豆汤的时候，才将前两次一下子想了起来，串联了起来。

但是，同学们现在看到的文章的结构，既不是按照真实事情发生的时间顺序，也不是按照最初构思的思路来写的，而是将第二次放在文章的开头来写。我将这种方法称之为"折叠法"，就像把一张纸先叠起来，把纸的头部折进中间，将纸的中间折到了外面，成为了最前端。具体到这篇文章，是将第二次喝土豆汤折出到最外面，即开头部分，最先来写，而将第一次喝土豆汤折了进去，放在中间来写。

纸还是那张纸，但经过这样一叠，纸的形状变了，折纸才成为了一种独特的艺术。其实，这种折纸的艺术，并不难，我们从小就会，玩的纸飞机或纸船，不就是这样叠出来的吗？

为什么要这样折叠一下，即将时间顺序置换了一下呢？这样做的好处在哪里呢？这样写，在于可以使文章有了一点悬念：为什么你们第二次来喝土豆汤，时间已经过去了两个月，那个小姑娘还记得你们，而且记得你们和孩子一起来坐的位置,喝的就是土豆汤?这个问号,在读者一开始读文章的时候,就很容易打在心里。如果按照事情发生的顺序来写,文章开头的悬念,就失去了。所谓悬念,一般出现在小说或戏剧影视作品中,但如果能够适当地运用在一般的散文或我们同学的作文中,也会起到不错的效果,因为可以增加文章的可读性,吸引读者读下去。

需要注意的是,悬念不是人为的设置,为悬念而悬念的故弄玄虚。我的好多篇文章并没有悬念,为什么这篇文章运用了悬念?因为生活的素材为我提供了悬念的可能性,而且非常自然,符合文章中的人物和读者双方面的心理期待。这样的悬念,是生活本身为我们提供的方便,而不是我们自己故意为之,这样才是最好的选择。这一点,尤其希望同学们注意。文章的"折叠法"的运用,主要不是为了设置悬念,而是为使得文章的开篇更能够吸引人,使得文章更紧凑,节奏感更强,尽量可以避免生活流一样的流水账。这一点,也需要同学们格外注意。

这篇文章还有一点,同学们也应该注意到了,即题目中的土豆汤前有一个"喝得很慢"的限制词。这个限制词,也是文章构思重要的一部分,也就是喝土豆汤,而且喝得很慢,构成了构思的两个层次。为什么喝土豆汤?又为什么喝得很慢?便是文章要解决的两个问题,这两个问题解决了,读者清楚了,文章就达到目的了,文章就结束了。

那么,怎么解决这两个问题呢?喝土豆汤好说,三次喝的

都是土豆汤嘛。喝得很慢呢？前两次我们和孩子以及我和妻子喝得很慢，不是文章的重心，文章的重心，是小姑娘和她的父亲分别好几年后重逢时喝土豆汤喝得很慢。前两次喝得很慢，完全是为了衬托第三次的很慢。前两次的很慢，是为了衬托第三次很慢的出场；前两次的很慢，是第三次很慢的前奏和回声，因此才会把亲情衬托得动人一些，就如文章所写的那样："没有比亲人之间分别的思念和相逢的欢欣，更能够让人感动和难忘的了。亲情，在那一刻流淌着，洇湿了所有的时间和空间的距离。"这句话，与其说是点题，不如说是我为这一对父女所感动，是这篇文章最初写作由来的根本点，是前两次的很慢与第三次的很慢的一种融合与交响。

可以设想，如果没有前两次很慢的衬托，只写第三次这一次父女重逢时土豆汤喝得很慢的场面，即使我们再怎么抒情和煽情，这样的土豆汤喝得再慢，还能够让我们感动吗？起码，打了折扣。没有了衬托，第三次的很慢，便变成了单摆浮搁，所有的一切，包括这一对父女阔别重逢的心情，和我自己的感动，都需要我们跳将出来去说明，描写便成为了干巴巴的旁白和叙述。有了前两次的衬托，不仅会使得第三次很慢的出场有了背景的烘托，也使得这三次的很慢成为水乳交融的一体，让文章不是一种单纯的客观描写，而融入了作者的感情，让作者和小姑娘有了碰撞和交流，也让读者在阅读中有了"噢，原来如此"的共鸣，这样，文章才会更亲切一些。结尾的时候，戛然而止，不再拖泥带水，文章的结构就会自然匀称并干净利落一些。

　　这一篇文章运用了折叠、悬念和衬托三种方法，只是想说明文章结构的方法多样性，不是说一篇文章非得用这样几种方法。同学们学会其中的一种方法，能够恰当地运用在文章的结构中，就是成功。这三种方法，尤其是第一种"折叠法"，我以为运用起来最为实际，特别是在文章材料先后的处理，和文章开头的设计方面，尤为常用和便当。

附录：

喝得很慢的土豆汤

　　那天下午两点多，我和妻子路过北大，因为还没有吃午饭，忽然想起儿子曾经特意带我们去过的一家朝鲜小馆，就在附近，离北大的西门不远，一拐弯儿就到，便进了这家朝鲜小馆。

　　大概由于早过了饭点儿，小馆里没有一个客人，空荡荡的，只有风扇寂寞地呼呼地吹着。一个服务员，是个胖乎乎的小姑娘走了过来，把我们领到靠窗的风扇前让座坐下，说这里凉快，然后递过菜谱问我们吃点儿什么。我想起上次儿子带我们来，点了一个土豆汤，非常好吃，很浓的汤，却很润滑细腻，微辣中有一种特殊的清香味儿，湿润的艾草似的撩人胃口。不过已经过去了

两个多月的时间，我忘记是用鸡块炖的了，还是用牛肉炖的，便对妻子嘀咕："你还记得吗？"妻子也忘记了。儿子在北大读书的时候，常常和同学到这家小馆里吃饭。由于是24小时营业，价格和朝鲜风味又都特别对他们的口味，非常受他们的欢迎，对这里的菜当然比我们要熟悉。大学毕业，儿子去美国读研，放假回来，和同学聚会，总还要跑到这里，点他们最爱吃的菜。可惜，儿子假期已满，又回美国接着读书去了，天远地远，没法子问他了。

没有想到，小姑娘这时对我们说道："上次你们是不是和你们的儿子一起来的，就坐在里面那个位子？"她说着一口比赵本山还浓郁的东北话，用胖乎乎的小手指了指里面靠墙的位子。

我和妻子都惊住了。她居然记得这样清楚，那时，我们和儿子确实就坐在那里。

我更没有想到的是，她接着用一种很肯定的口味对我们说："那次你们要的是鸡块炖土豆汤。"

这样的肯定，让我心里相信了她，不过，开玩笑地对她说："你就这么肯定？"

她笑了："没错，你们要的就是鸡块炖土豆汤。"

我也笑了："那就要鸡块炖土豆汤。"

她望望我和妻子，像考试成绩不错得到了赞扬似的，高声向后厨报着菜名："鸡块炖土豆汤！"高兴地风摆柳枝走去。

刚才和小姑娘的对话，让我和妻子在那一瞬间都想起了儿子。思念，变得一下子那么近，近得可触可摸，就在只隔几排座位的那个位子上，走过去，一伸手，就能够抓到。两个多月前，儿子要离开我们回美国读书的时候，特意带我们到这家小馆，让我们尝尝他和他的同学的青春滋味。那一次，他特别向我们推荐了这个鸡块炖土豆汤，他说他和他们同学都特别爱喝，每次来都点这个土豆汤，让我们一定要尝尝。因为儿子临行前的时间安排得很满，我和妻子知道，那一次，也是他和我们的告别宴。所以，那一次的土豆汤，我们喝得格外慢，边聊边喝，临行密密缝一般，彼此嘱咐着，诉说着没完没了的话，一直从中午喝到了黄昏，一锅汤让服务员续了几次汤，又热了几次。许多的味道，浓浓的，都搅拌在那土豆汤里了。

不过，事情已经过去了两个多月，我都忘记了到底喝的什么土豆汤了，这个胖乎乎的小姑娘居然还能够如此清楚地记得我们喝的是鸡块炖土豆汤，而且记得我们坐的具体位置，真让我有些奇怪。小馆24小时营业，一直热闹非常，来来往往那么多的客人，点的那么多不同品种的菜和汤，她怎么就能够一下子记住了我们，而且准确无误地判断出那就是我们的儿子，同时记住了我们要的是什么样的土豆汤？这确实让我好奇，百思不解。

汤上来了，鸡块炖土豆汤，浓浓的，热气缭绕，清香味扑鼻，抿了一小口，两个多月前的味道和情景立刻又回到了眼前，熟悉而亲切，仿佛儿子就坐在面前。

"是吧，是这个土豆汤吧？"小姑娘望着我，笑着问我。

"是，就是这个汤。"

然后，我问小姑娘："你怎么记得我们当初要的是这个

汤？"

她笑笑望望我和妻子，没有说话，转身走去。

那一天下午的土豆汤，我们喝得很慢。

结完账，临走的时候，小姑娘早早地等候在门口，为我们撩起珠子串起的门帘，向我们道了声再见。我心里的谜团没有解开，刚才一边喝着汤一边还在琢磨，小姑娘怎么就能够那么清楚地记得我们和儿子那次到这里来吃饭坐的位置和要的土豆汤？总觉得一定是有原因的。那么，是什么原因呢？是因为那一次我们的土豆汤喝得太慢，麻烦让她来回热了好几次的缘故，让她记住了。还是因为来这家小馆的大多是附近年轻的大学生，一下子出现我们这样大年纪的客人，显得格外扎眼？我不大甘心，出门前再一次问她："小姑娘，你是怎么就能记住我们要的是鸡块炖土豆汤的呢？"

她还是那样抿着嘴微微地笑着，没有回答。

我只好夸奖她："你真是好记性！"

一路上，我和妻子都一直嘀咕着这个小姑娘和对于我们有些奇怪的土豆汤。星期天，和儿子通电话时，我对他讲起了这件事，他也非常好奇，一个劲儿直问我："这太有意思了，你没问问她到底是怎么回事吗？"我告诉他："我问了，小姑娘光是笑，不回答我为什么呀。"

被人记住，总是一件让人高兴的事，不过，对于我们一家三口，这确实是一个谜。也许，人生本来就有许多解不开的谜，让生活充满着迷离的想象，让人和人之间有着神奇的交流，让庸常的日子有了温馨的念想和悬念。

又过去了好几个月，树叶都渐渐地黄了，天都渐渐地冷了。那天下午，还是两点多钟，我去中关村办事，那家小馆，那个小姑娘，和那锅鸡块炖土豆汤，立刻又从沉睡中苏醒过来似的，闯进我的心头。离着不远，干吗不去那里再喝一喝鸡块炖土豆汤？便一拐弯儿，又进了那家小馆。

因为不是饭点儿，小馆里依然很清静，不过，里面已经有了客人，一男一女正面对面坐着吃饭，蒸腾的热气弥漫着他们的头顶。见我进门，一个小伙子迎上前来，让我坐下，递给我菜谱。我正奇怪，服务员怎么换成男的，那个小姑娘哪里去了？扭头看见了那一对面对面坐在那里吃饭的人中的那个女的，就是那个胖乎乎的小姑娘，对面坐着的是一个年龄大约四五十岁的男人，看那模样长得和小姑娘很像，不用说，一定是她的父亲。她也看见了我，向我笑笑，算是打了招呼。

我要的还是鸡块炖土豆汤。因为炖汤要有一些时间，我走过去和小姑娘聊天，看见他们父女俩要的也是鸡块炖土豆汤。我笑了，她也笑了，那笑中含有的意思，只有我们两人明白，她的父亲看着有些蹊跷。

我问："这位是你父亲？"

她点点头，有些兴奋地说："刚刚从老家来。我都和我爸爸好几年没有见了。"

"想你爸爸了！"

她笑了，她的父亲也很憨厚地笑着，望望我，又望望女儿。

难得的父女相见，我能想象得出，一定是女儿跑到北京打工好几年了，终于有了父女见面的机会，是难得的。我不想打搅他们，走回自己的座位，要了一瓶啤酒，静静地等我的土豆汤。我的心里充满着感动，我忽然明白了，这个小姑娘当初为什么一下子就记住了我们和儿子，记住了我们要的土豆汤。人同此情，情同此理，没有比亲人之间分别的思念和相逢的欢欣，更能够让人感动和难忘的了。亲情，在那一刻流淌着，洇湿了所有的时间和空间的距离。

土豆汤上来了，抬头一看，我没有想到，是小姑娘为我端上来的。我还没有责怪她怎么不陪父亲，她已经看出了我的意思，先对我说："我们店里的人手少，老板让我和我爸爸一起吃饭，已经是很不错了。"和上次她像个扎嘴的葫芦大不一样，小姑娘的话明显地多了起来。说罢，她转身走去，走到他父亲的旁边，从袅娜的背影，也能看出她的快乐。

那一个下午，我的土豆汤喝得很慢。我看见，小姑娘和她的爸爸那一锅土豆汤喝得也很慢。

雷诺阿能去听音乐会吗

——联想和想象

联想和想象，是一对门挨门的邻居，是一对亲密的朋友。联想是平易的，如同一条田间小径，让四周涌起稻浪或麦海；想象是奇特的，是雨后的彩虹，让天空可以变成天堂一般灿烂无比。联想是通往想象的桥梁，想象是基于联想绽放的花蕾；联想是想象的初级阶段，想象是联想的脱胎换骨。

在写作中，联想和想象是最常用的方法。在我看来，如果没有了联想和想象，基本也就没有了文学，包括我们学生的作文在内。因此，学好这两种方法，无疑对于我们的写作帮助会很大，甚至可以帮助我们更上一层楼。

先说联想。所谓联想，就是由此及彼，由表及里。联想，会让文章有了轻盈的跳跃，有了明快的节奏和悦人的色彩。没有一点联想的文章，几乎是不可想象的，除非它只是思想汇报或总结报告。再短再普通的作文，也会有联想，比如，小学生做好事，说这是我学习雷锋的结果，雷锋和他做的好事之间，就是靠联想联系在一起的。

我写《贪官的名字》，最初是从报上读到湖南一个贪官的

名字叫光明，让我的眼睛受了刺激。明明是贪官，却起了一个灿烂的名字，本身就具有反讽的意思。立刻，让我想起了前些日子，也是在报上看到的消息，辽宁有一个女贪官的名字也叫光明。两个光明，两个贪官，如此的巧合，让我不禁想起了许多贪官的名字，由此类托，拔出萝卜带出泥，进一步又想到了电视剧和历史中那些贪官的名字，他们很多竟然都有一个和他们贪婪的行为完全不相称的光明灿烂的名字。天呀，怎么会有这样的事情，真的是不看不知道，一看吓一跳。

这就是联想。这就是联想的魅力，联想在文章写作之前和写作之中的作用。没有这个联想，也就没有了这篇文章。有了这样由第一个联想到越来越多的联想，进而排列出来所构成的如此贪官却有光明灿烂名字的阵容，便有了文章充实一些而不单薄的内容。由贪官的名字进行了一步步的联想，便有了文章递进的层次。这样三个步骤的完成，贪官的名字所具有的反讽意义也就逐步完成，使得文章不仅有了主题，还有了题目。

有了内容，有了层次，有了主题，题目都为你准备好了，文章还不好写吗？同学们可以想一下，如果没有了这些联想，只是看到了一个贪官的名字叫光明，你即使再气愤，再觉得是对光明最大的亵渎，但文章怎么写呢？确实不好写。

可以看出，联想对于文章是多么的重要。联想，就像是一双冰鞋或一架雪橇，能够带着你沿着冰面滑出很远，甚至滑到一个新天地。

或许，这篇文章所运用的联想过于密集，从头至尾贯穿，不过是一个特例。但是,联想在文章中的重要性,却是所有文章的共有的要义。不见得非得这样集束手榴弹似的使用联想,在文章中适当地使用联想,还是非常需要的。

一般而言,联想的法子,比较好学,因为联想的对象,一般都是实际生活中存在的,只要你多动脑筋,想得到,它们就会奔涌到你的面前。想象,和联想不同,或者说比联想稍微难些、复杂些,便在于想象不是从实际到实际的位移,不是一加二的累积,而常常是要无中生有,如同从漆黑的夜空中平添一天灿烂的星光和礼花来。当然,这是夸张的说法,但是,我以为,即使是一般的文章,也是需要想象来补充文字的未尽部分,才可以让文章有些弹性和延展性,水一样流动和蔓延开来,而不是就事说事,那样就很容易使得文章呆板枯燥。

我写《雷诺阿听音乐会去了》,名字就是靠想象得来。因为,雷诺阿根本没有听音乐会去,这只不过是在一次展览中,我看到了他的一幅油画后的想象。

这幅油画的题目叫做《音乐会》,是雷诺阿晚年的一幅重要作品,画的是两个肥硕的女人正在穿衣打扮,准备去听音乐会。音乐在画面之外。站在这幅充满生命勃勃气息的油画面前,我看了很久,想象着音乐会动人的旋律,在画面之外的远方荡漾;同时也想象着雷诺阿在画这幅油画的时候,已经是疾病缠身,老迈衰弱,需要把画笔绑在手臂上才能艰难作画,那样的情景,该是多么的艰难却感人。这样两种想象,一个是油画上旺盛的生命力量,一个却是生活中生命已在垂危之际的惨

淡情景，对比是那样的醒目，甚至有些惨烈。但正是在这样想象的对比中，越发彰显雷诺阿的形象是那样无比的动人，他那种对生活的热爱和憧憬，对战胜病痛和困难的达观和乐趣，对生活的希望和期冀，让画面不仅有了音乐的回声，也让这样的对比有了力量。有谁能够在生命垂危的时候，还能画出这样洋溢着青春气息的画呢？这样对比如此鲜明的两种想象，交错在我的眼前，让我为雷诺阿而感动。正是这样的感动，让我写成了这篇文章。成就这篇文章最初的种子，正是站在这幅名为《音乐会》的油画前那激动感怀的想象。

这篇文章最初的题目是《画画是不需要手的》，这是雷诺阿曾经说过的一句话。我想用这句话作为文章的题目，是想说老病衰迈的雷诺阿那时候的手已经不听使唤了，却依然可以用眼睛、用心创造奇迹。也就是想说，心比手更重要。但是，最后，我改成了现在这个题目。同时，我在文章的最后写雷诺阿死于他的画架前的时候加了一句："我在想，雷诺阿一定是外出听音乐会去了。"让雷诺阿和他所画的《音乐会》呼应在一起，也正是想象。想象，就是这样成全了一篇文章的。

无论是卧病在床的雷诺阿，还是驾鹤仙逝的雷诺阿，都是无法再如他画笔下的那两个女人一样，出门去听音乐会了。但是，在想象中，雷诺阿可以。在想象中，天可以更蓝，水可以更清，生活的一切都可以比现实更美好、更动人。想象，不仅可以成就一篇文章，同时可以滋润并丰富我们的心灵。而这一点，恰恰是我们学习文学、学习写作的根本要义。在写作中，有意识地学习运用联想，驰骋想象，是十分重要的一课。

附录：

贪官的名字

  那天读报，看到湖南道县的县委书记被双规后，道县群众放鞭炮、舞龙狮，热烈庆祝，几乎万人空巷，成为当地的一大盛事。这位贪官的名字，有意思，叫做易光明。明明是在黑暗角落里干着贪赃枉法的事情，却偏偏要叫"光明"。这真的具有强烈的反讽意味。

  这让我想起不少贪官的名字，和这位易光明一样，愿意这样光鲜灿烂，花团锦簇。想想，真的是让我们哭笑不得的事情。

  随手捡来，光是叫"光明"这名字的，就无独有偶。辽宁有个女"光明"，姓刘，原鞍山市国税局局长，群众称之为是一位拉上窗帘"靠睡出来的"官。如此贪官，如此睡功，真有点儿亵渎了光明这个名字。

  再看被判处死刑的前厦门海关关长，当年远华集团走私案中，他胆大包天，收受贿赂高达上亿元，这个人的名字叫杨前线。他这个本该是海关反走私的前线，竟然是如此长堤溃坝，水银泻地般无法收拾。

另说一位被判死缓的前四川省交通厅长，在搜查其豪宅的时候，光发现藏在那里的钱物都有1300万元，还有一辆140万元的奔驰轿车，他的名字叫做刘中山。想来应该是以孙中山先生为榜样的，却将中山精神彻底抛弃，死后和中山先生相见，不知该有何脸面告诉中山先生说：我也叫中山。

这样的名字，还可以举许多，比如辽宁慕马大案中的马向东，原江西省省长倪献策，江西副省长胡长清，安徽省副省长王怀忠，中国建设银行行长王雪冰……哪一个名字不是又好听又响亮又有好意思，其中马向东和王怀忠，"向东"和"怀忠"，这两个富有特定时代色彩的名字，简直就是工整的对仗。胡长清和王雪冰，水清冰洁，也可以说虽不工整，却也是意境不错的一对比兴。却哪里想到个个污秽龌龊得一片混浊，心地肮脏，糟蹋了好名字。

最令我羞愧的是，丽江原林业局局长，杀死情人之后自杀，他的名字叫沙文学，这样的结局实在太"文学"了，真真是杀了人后再杀了文学，让我和文学跟着一起无地自容。莫非是如今的文学之中不少是这样情杀情节雷同而拙劣的翻版或母版，让这位贪官在物欲和情欲之海中生风惹浪后，效尤这样的情节而轻而易举地翻身落水，让文学跟着一起吃挂落儿？还是文学真的已经不景气，怎么可以如此的毫无才气和创意，书写成和他这样的情节一模一样？

也许，好名字如同好天气一样，谁都需要，并非只有贪官爱起好名字，并非个别贪官的好听的名字只是偶合。人之初，性本善，爹妈最初给他们起名字的时候，他们也都还是一张没有什么污迹的白纸，爹妈都希望自己的孩子好。是步入人生，特别是进入官场之后，香车宝马，豪宅盛宴，金钱美女，欲壑难平，把人性恶的地方，如惊蛰后的蛇一样，逐渐都暴露出来，便越发沉溺其中，将烂泥塘当成了席梦思软床，在上面纵情狂欢，以为舒服得不得了，得意得不得了。连自己共产党是干什么的都忘记了，更将爹妈忘记了，把原本爹妈给起的好名字，像抹布一样甩在一旁了。

这让我想起曾经看过的电视剧《雾里看花》。那里面李幼斌饰演的老谋深算贪婪无比最没德行的主角，偏偏取名叫做黄立德。我也想起了历史上鼎鼎有名的大奸臣，偏偏取名魏忠贤。德在哪儿？忠在哪儿？贤又在哪儿？如此的名实不符，大概不只是巧合，也不只是为了讽刺。

名字当然只不过是一个符号，但是以表面的冠冕堂皇的遮掩，肆无忌惮干着令人作呕的勾当；会场主席台上高喊着义正词严的话，背后却言不由衷挂羊头卖狗肉，却是如今官场上见怪不怪的景观。过去的年代，有句话叫做"打着红旗反红旗"，如今不怎么提了，却真的是一面镜子，让我们感慨反腐的任重道远之外，也感慨世事的沧桑和人心的莫测。

必也正其名，不仅仅是贪官的名字。

雷诺阿听音乐会去了

去年的夏天，美国费城专门举办了一个叫做"晚年雷诺阿"的画展，从全世界的美术馆里收集到了雷诺阿晚年几乎所有的作品。我特意赶去看。虽然早知道雷诺阿47岁开始患病，风湿造成的关节炎和肺炎交织，一直在折磨着他，70岁时已经半身不遂，无法行走，只好坐上了轮椅。但是，在展览会的一间很小的放映厅里看到一部黑白电影，发现晚年在戛纳家中的雷诺阿，枯叶一样萎缩在轮椅上的情景，还是让我格外吃惊。雷诺阿本来个子就矮小，萎缩在轮椅上的雷诺阿，显得越发的瘦小，银须飘飘、老态龙钟、瘦骨嶙峋的样子，实在让我不敢相信这就是印象派的伟大画家雷诺阿。

更让我吃惊的是，就是这样老病缠身的雷诺阿，内心却依然如同一座火山一样，充满着旺盛的创作力。在电影里，看到他把画笔绑在手臂上，挥洒着油彩在画架前工作的情景，实在是我想象不出来的。他穿着类似医生白大褂一样的画衣，衣服上沾满了油彩，显得脏兮兮的。他的手臂如同枯枝，骨节变形的手指上长满节瘤，贴着胶布，缠着绷带，每画一笔都要比一般人费劲了不知多少倍。为了免去换画笔的麻烦，他不得不使用同一支画笔，每用完一次油彩后，在旁边的松节油里涮一涮，接着再画。画架前的那种老迈、迟缓与艰难，和画面上呈现出的那些明亮的色彩,那些充满生气的人物,那些几乎都是阳光照透的树木花草湖水的景物,对比得那样的醒目,甚至触目惊心,似乎有意在展示人生的艰难与美好的两种面貌。

我特别注意到,雷诺阿的一双眼睛,竟然是那么的明亮。已经是一个快80岁的老人了,居然还能有这样明亮的眼睛,实在也是奇迹。或许,正是因为有这样明亮的眼睛,才让他洞悉世界,将他所画的这个世界一样地明亮起来吧?

偌大的几个展厅,展览的都是雷诺阿晚年的作品。一个瘫痪在轮椅上的老人,一个画笔要绑在手上的画家,还能够画出这样多的画作,实在并不是每一个人都能够做到的。这需要才华,需要勇气,需要毅力,更需要对于命运斗争的信心和力量。命运对于每个人其实都会有阴阳两面,这两面其实就是有成全你的一面和折磨你的一面。一般人,很容易在前一面春风得意,而在后一面垂头丧气。雷诺阿和我们一般人不一样的地方,在于他在面对后一面的时候,没有垂头丧气,而照样昂起了头来,他才会手已经拿不住画笔了,依然把画笔绑在手上,也要坚持作画。在这样倔强的面前,命运再桀骜不驯,也会对你垂下头来。

这样的命运刁难和考验,早在雷诺阿37岁的时候,就已经来过一次了。那时,他右手腕骨折,无法握笔作画,他就是不甘心,不服输,用左手作画,照样让命运向自己垂头。那时候,他画出的《海女》《抱着猫打瞌睡的女子》,都获得好评。所以,当这一次,命运更沉重的打击到来的时候,他一样坦然面对。既然在这个世界上路了,就不可能全部都是平坦的大路,崎岖的、

坎坷的、充满折磨的小路，甚至弯路，都会存在，你只有一样勇敢地走过去，才有可能不半途而废，而将这条人生与艺术的路坚持走到底。

所以，晚年坐在轮椅上的雷诺阿对朋友说："我这样足不能出户，真是幸运，我现在只有画画了！"对于这样在我们平常看来是不幸的事，他没有抱怨，却称自己："我是个幸福的人。"

对于这样把画笔绑在手上完全不同于一般画家作画的经验总结，雷诺阿说得最为让我吃惊。他这样说道："画画是不需要手的。" 画画怎么可以不需要手呢？雷诺阿对于他所钟爱的绘画艺术有着与众不同的理解，他只是想强调，当病痛的折磨使得他的手无法直接自如挥洒的时候，他可以用眼睛，用心，一样能够创造奇迹。

"晚年雷诺阿"，这实在是一个好的创意，一个好的主题，一边参观画展，我一边不住这样想。雷诺阿早期的作品，他没有生病和瘫痪在轮椅上时候的作品，固然也非常出色，但如果我们知道这里展览的作品都是他坐在轮椅上，把画笔绑在手上画出来的，我们该会产生什么样的感觉？

有意思的是，晚年雷诺阿画的大多是女人的身影和裸体，那里的女人无一不是肥硕的，健康的，美丽的；而且，无不都是像小孩子一样天真的，清纯的，活泼的。每一个人物，每一株树，每一棵花草，都是那样的金光闪耀，除了明亮的金色之外，还有绿色、黄色和红色，渗透进肌肤里，渗透进叶脉和花瓣中。特别是画展的最后一幅画，题目叫做《音乐会》，音乐会在画面之外，雷诺阿画了两个肥硕的女人正在穿衣打扮，准备去听音乐会，那两个女人占天占地，占满整幅画框，满怀的喜悦之情，几乎要把画框冲破。站在这幅油画面前，我看了很久，音乐会动人的旋律，在画面之外的远方荡漾。能够听见那动人的音乐，也能够听见来自雷诺阿心中那动人的心曲。那种心曲的主旋律，不是悲伤和哀怨，而是对日常平易而琐碎生活的热爱和憧憬，是战胜病痛和困难的达观和乐趣，是生活的希望和期冀。让我感受到，似乎越是艰难的生计和不如意的生活，越是老迈的病身和苍凉的心态，越是让雷诺阿能够在自己的作品中彰显他敏感而张扬的心。

在这之前，我没有看过这幅《音乐会》。看这幅画的时候，仿佛在对视雷诺阿的眼睛，我真的非常感动。我想起1919年的12月27日，78岁的雷诺阿由于两个月前支气管炎再次复发，卧床不起，一连两周没有动笔画画了。这一天，他艰难地从床上爬了起来。他怎么可以不画画呢？画画成为了他生活中乃至生命中的一部分。他让人扶着他坐上了轮椅，摇到画架前，准备画面前的那两个花瓶。然后，他让人去隔壁的房间取画笔，再像往常一样帮助自己把画笔绑在手上，就又可以画画了。就在人帮他把画笔从隔壁的房间取回来的时候，他停止了呼吸。

我在想，雷诺阿一定是外出听音乐会去了。

做汤最后放的那一点儿盐

—— 文章的升华

有些文章，读起来或写起来，都觉得里面所写的人或事还不错，就是觉得少点儿味道，就像汤里放的菜品和佐料一应俱全，唯独少了最后需要加的那一点儿盐。好汤，是需要最后放的那一点儿盐来调剂味道的。好的文章，不仅需要内容扎实，语言生动，也需要一点儿可以回味的韵味。所谓文章要出新，其新意往往容易在这最后的一点味道中体现出来。

那么，文章里需要最后放的那一点儿盐，到底是什么呢？又该从哪里去找呢？

我在写《等那一束光》之前，迟迟没有动笔。事情很好，就摆在那里，是听我的老朋友老顾告诉我的一件事，触动了我写作的欲望。事情确实让我感动和感慨。他喜欢摄影，退休后，背着摄影包，自己开车去了一趟西藏。在阿里的古格王朝遗址前，想等一束光，好为之拍一张好的照片，那一束光却迟迟没有等来，便开车怅然离去了。走到半路，不甘心，又开车返回，终于等到了那一束光。

事情并不复杂，是件等待的事情，是个等待的主题。荒诞派戏剧《等待戈多》，也是等待的故事和主题，只不过那是最终没有结果的荒诞而荒谬的等待，暗讽人生的惨淡。但等待确实是人生一个永恒的主题，不同人有不同的选择和表达。老顾的这个等待一下子触动了我。我琢磨他的这个等待，对今天的意义所在；想世上如今人们的情绪和心思都处于焦虑的状态之中，起初满怀希望的等待很多，最后半途而废的等待，也很多，等待到底而心想事成的，便属于凤毛麟角了。等待，要有耐心，也需要缘分，更需要对那一束光抱有的赤诚之心。于是，那一束光，便不只是摄影的需要，而具有了一定象征的意味。这是这篇文章的魂，是触动我写作的诱因。

但是，如果就照老顾告诉我的事情原原本本去写，恐怕只是事情的简单复制，不会打动人，也很难把我为之而感动的原因充分表达出来，仅仅将上面我说的感慨那样直接写出来，不如直接看他拍的那张古格王朝遗址金光闪烁的照片更精彩。我知道，还缺了点儿什么，什么呢？就是做汤最后放的那一点儿盐。

那盐在哪里呢？

这件事放几天没有写。一天，我忽然想起以前在书中曾经看到过的音乐家海顿的一件陈年往事，这件事，我曾经在《音乐笔记》和《音乐十五讲》中都用过，我怎么把它忘了呢？那便是在这篇文章最后我写到的，晚年的海顿听自己创作的清唱剧《创世纪》，当他听到"天上要有星光"那一段时，蓦地从座位上站起来，指着上天情不自禁地叫道："光就是从那里来

的！"

海顿的这一道光，和我的朋友老顾的那一束光，一下子汇集在一起，闪亮在我的眼前。只有对艺术对理想的追求充满真挚又执着情感的人，才会对那一束光有这样的表现和等待。那一束光，便辉映在等待这个抽象的词汇上面，让等待有了一份神圣的光芒，让这件平常等待的事情，有了可以咀嚼一些的余味。所以，我的文章最后一句话说："保持青春时分拥有的一份梦想，和一份相对的神清思澈，如海顿和我的同学老顾一样，还能够看到那一束光，并为此愿意等候那一束光，是幸福的，令人羡慕的。"这句话之所以能压住尾，是因为我找到了海顿，找到了做汤最后放的那一点儿盐。

再看另一篇文章《阳光的感觉》。写的是阳光。写阳光的温暖，珍贵，民主，平等，一视同仁。写阳光与暖气的比较，在暖气和在阳光下，都会出汗，在暖气下的汗里面含有工业的元素，而在阳光下的汗里有着大自然和亲情的因子。最后写对阳光可以储存的发现。文章就是从这样不同的侧面书写对阳光的感觉。

如果文章就到这里收尾，可以不可以呢？当然可以，我们不少同学的作文都是愿意在这里适可而止的。适可而止可以，却并未恰到好处。写到这里的时候，我总觉得收不了尾，还缺点儿什么。什么呢？就是做汤的时候最后放的那一点儿盐。

我想起来曾经读过的一则日本的童话。那还是我的孩子在上幼儿园的时候，我和他一起从儿童画报上读到的。故事很简单,就是我在文章最后提到的,林子深处住着一个四岁的叫夏子的可爱的小姑娘,她有个奶奶,腿脚不好,天天待在家里出不了屋。冬天到了,屋里很冷,小姑娘跑到林子里,用围裙兜了一兜阳光跑回来给奶奶,跑得急了,刚进家门,摔了一跤,阳光撒了一地,没法给奶奶了。小姑娘哭了,对奶奶说:阳光都没了,没法给您了。奶奶对她说:阳光都跳在你的眼睛里了呀。这则童话帮助了我,奶奶眼睛里的阳光,和我写到的阳光可以储存呼应起来,阳光不仅是可以看见,可以储存,可以如那个叫夏子的小姑娘一样用围裙兜住,阳光还和人一样,充满情感和生命,可以传递在你我之间。

那天,想起这则童话的时候,心里充满温暖,觉得是那样的美好动人。很显然,有了这则童话的介入,让文章最后有了跌宕,掀起新的波纹,有了可以稍微咀嚼的意味。

聪明的同学读到这里,一定会明白为什么我把《等那一束光》和《阳光的感觉》两篇文章放在一起来说,这两篇文章的内容不同,写法却是相同的。《阳光的感觉》里所引用的这则童话,和《等那一束光》里所引用的海顿的故事,对于文章的作用是一样的,缺少了它们,就会使得文章像汤最后没有放盐一样,没有了味道。作文和做饭的道理是一样的。

其实,这里说的味道,也就是老师在语文课上常讲的主题的升华。

我在这里想告诉同学们的是,完全可以借用他人写过的东西,所谓借钟馗打鬼,来帮助我们完成主题的升华。这样的方

法，可以让文章最后的升华变得更生动一些，更富于形象一些，也就是我说的更有味道一些。

只是，需要注意的是，做的汤最后放的一定是盐，才能够将汤里面自身的味道提鲜一样提出来，而不能放味精或鸡精，那只是化学制品，是人为添加在汤里面的味道。我们常常写的升华，特别愿意用干巴巴的词汇或名人名言为文章的主题升华，这是硬贴上去的，就像往汤里添加的是味精和鸡精一样，不是汤自身激发出来的味道。

附录：

等那一束光

老顾是我的中学同学，又一起插队到北大荒，一起当老师回北京，生活和命运轨迹基本相同。不同的是，他喜欢浪迹天涯，喜欢摄影，在北大荒时，他就想有一台照相机，背着它，就像猎人背着猎枪，没有缰绳和笼头的野马一样到处游逛。攒钱买照相机，成为了那时的梦。

如今，照相机早不在话下，专业成套的摄影器材，以及各种户外设备包括衣服鞋子和帐篷，应有尽有。退休之前，老顾又早早买下一辆四轮驱动的越野车，连越野轮胎都已经备好。万事俱备，只欠东风，只要退休令一下，立刻动身去西藏。这是这些年早就盘算好的计划，成了他一个新的梦。

他就是这样一个人，我说他总是活在梦中，而不是现实中，便总事与愿违。现实是，他在单位当一把手，因为后任总难以到位，过了退休年龄两年了，还不让他退。他不是恋栈的人，这让他非常的难受。终于，今年春节过后，让他退休了。这时候，我们北大荒要编一本回忆录，请他写写自己的青春回忆，他婉言拒绝，说他不愿意回头看，只想往前走，他现在要做的事不是怀旧，而是摩拳擦掌准备夏天去西藏。等到夏天，他开着他的越野车，一猛子去了西藏，扬蹄似风，如愿以偿。

终于来到了他梦想中的阿里，看见了古格王朝遗址。这个700年前就消失的王朝，如今只剩下了依山而建的土黄色古堡的断壁残垣，立在那里，无语诉沧桑般，和他对视，仿佛辨认着彼此的前生今世的因缘。正是黄昏，高原的风有些料峭，古堡背后的雪山模糊不清，主要是天上的云太厚，遮挡住了落日的光芒。凭着他摄影的经验和眼光，如果能有一束光透过云层，打在古堡最上层的那一座倾圮残败的宫殿顶端，在四周一片暗色古堡的映衬下，将会是一幅绝妙的摄影作品。他禁不住抬起头又望了望，发现那不是宫殿，而是一座寺庙，白色青色和铅灰色云彩下，显得几分幽深莫测，分外神秘。这增加了他的渴望。

他等候云层破开，有一束落日的光照射在寺庙的顶上。可惜，那一束光总是不愿意出现。像等待戈多一样，他站在那里空等了许久。天色渐渐暗下来，他只好开着车离开了。但是，开出

了二十多分钟，总觉得那一束光在身后追着他，刺着他，恋人一般不舍他，鬼使神差，他忍不住掉头把车又开了回来。他觉得那一束光应该出现，他不该错过。果然，那一束光好像故意在和他捉迷藏一样，就在他离开不久时出现了，灿烂地挥洒在整座古堡的上面。他赶回来的时候，云层正在收敛，那一束光像是正在收进潘多拉的瓶口。他大喜过望，赶紧跳下车，端起相机，对准那束光，连拍了两张，等他要拍第三张的时候，那束光肃穆而迅速地消失了，如同舞台上大幕闭合，风停雨住，音乐声戛然而止。

往返整整一万公里，他回到北京，让我看他拍摄的那一束光照射古格城堡寺庙顶上的照片，第二张，那束光不多不少，正好集中打在了寺庙的尖顶上，由于四周已经沉淀成一片幽暗，那束光分外灿烂，不是常见的火红色、橘黄色或琥珀色，而是如同藏传佛教经幡里常见的那种金色，像是一束天光在那里明亮地燃烧，又像是一颗心脏在那里温暖地跳跃。

不知怎么，我想起了音乐家海顿，晚年时他听自己创作的清唱剧《创世纪》，听到"天上要有星光"那一段时，他蓦地从座位上站起来，指着上天情不自禁地叫道："光就是从那里来的！"那声音长久地在剧场中回荡，震撼着在场的所有人。在一个越发物化的世界，各种资讯焦虑和欲望膨胀，搅拌得心绪焦灼的现实面前，保持青春时分拥有的一份梦想，和一份相对的神清思澈，如海顿和我的同学老顾一样，还能够看到那一束光，并为此愿意等候那一束光，是幸福的，令人羡慕的。

阳光的感觉

自从今年年初腰伤之后,我像一株颓败的向日葵,开始对阳光格外敏感,可以说是整天追着阳光转。因为大夫嘱咐我要多晒阳光,每天晒一小时阳光,等于喝一袋牛奶,对于补钙极有益处,有助于腰伤的恢复。

我住医院的时候,病房的窗户朝南,能够下地了,我每天都要站在窗前,好像阳光早早就等在那里,和我有个约会,不见不散,一见倾心。出院了,我家的窗户几乎都没有朝阳的,我便每天早晨到小区里的小花园,朝东的高楼遮挡住了天空,要耐心地等到九点钟以后,太阳才能够越出楼顶。我才好像突然发现,平日里司空见惯的阳光,原来是那么的珍贵,不是你想什么时候要它,它就能够如婢女一样随叫随到。城市的高楼无情地切割了天空,阳光不再如在田野里一样,可以无遮无拦,尽情挥洒。

冬天刚刚来临,暖气还没有来的时候,阳光就更加珍贵无比。那时候,我像一只投火的飞蛾,在小区里寻找着阳光飘落的地方。阳光如同顽皮的小孩子,东躲西藏,在楼群之间、在树枝之间,一闪一闪似的,稍纵即逝。在时钟的拨弄下,阳光就像瞬息万变的万花筒,跳跃着,和我捉迷藏,让我想起小时候玩过的一种游戏,小伙伴拿着一面镜子对着阳光照出的反光打在地上,我去用脚踩这个光斑,他便把镜子迅速地移动,比

赛谁的速度更快。

终于，暖气来了，暖气流动中的房间，很快暖和了过来，温度解决了寒冷，却代替不了阳光。坐在房间里，和坐在阳光下的感觉完全不同，腰就是最敏感的显示器。现代化机器制造的温暖，如同格式化的打印文件，缺少了手写的流畅和亲切，就像尼龙布料和棉布的区别。我才体味到阳光含有大自然的气息，泥土和花草树木的呼吸和体温，都吸收进阳光里面，还有来自云层的清新与湿润，都不仅是一个温度计所能够显示得了的。同暖气制造的温暖相比，阳光更像是母亲的拥抱、情人的抚摸、朋友的呵气如兰。在暖气和在阳光下，都会出汗，在暖气下的汗里面含有工业的元素，而在阳光下的汗里有着大自然和亲情的因子。

我也就明白了，为什么国外有那么多人热衷于到海边晒太阳、到街头的咖啡馆前的露天座椅上晒太阳；为什么北京的老头老太太特别愿意在胡同口挤在墙角晒太阳。过去说：清风朗月不用一文钱，这句话也应该把阳光包括在内，阳光和水一样是世界上最为平等民主的东西，它一视同仁，无论贫富贵贱，慷慨给予一切人以照耀和抚摸。记得我国过去有一则这样的寓言，地主在屋子里烤火冻得揣着手直跺脚，长工在屋外的阳光下干活却热得脱光了衣服还不住地出汗。阳光给予人们的温暖，是发乎天、止于心的温暖。

有几天，朋友请我到郊外小住，卧室和阳台有一道推拉门，阳台三面是玻璃窗，灿烂的阳光，一整天都可以从不同方位照射进来，金子般在玻璃窗上闪烁，在地板上跳跃。出门时，朋友把推拉门关上了，黄昏时回来，把推拉门打开，忽然一股热流如水一样从阳台涌进屋里。那是阳光，在阳台憋了一天的阳光出笼的鸟似的扑满整个房间。我才发现，阳光和水一样也可以储存，看不见的阳光，精灵一样能够立刻簇拥在你的身旁；握不住的阳光，水珠一样可以掬捧盈盈一手。太阳落山了，阳光却还温暖地留在房间里，恋人一般迟迟不肯离去。

我想起日本的一则童话，讲的是林子深处住着一个四岁的叫夏子的可爱的小姑娘，她有个奶奶，腿脚不好，天天待在家里出不了屋。冬天到了，屋里很冷，小姑娘跑到林子里，用围裙兜了一兜阳光跑回来给奶奶，跑得急了，刚进家门，摔了一跤，阳光撒了一地，没法给奶奶了。小姑娘哭了，对奶奶说：阳光都没了，没法给您了。奶奶对她说：阳光都跳在你的眼睛里了呀。

这则童话，我二十多年前就读过了，却记忆犹新，就在于奶奶说的话让我感动。老奶奶说得多么好啊，阳光不仅是可以看见，可以储存，可以兜住，也是有情感有生命的，可以传递在你我之间。

有一天，晒着阳光的时候，我想起了这则美丽的童话，忽然想：如果小姑娘从林子里不是用衣服兜阳光，而是用衣服兜满一兜柴火，然后用柴火生火，会怎样呢？柴火点燃起的火苗，当然也可以让奶奶感到温暖，但是，还有阳光都跳在小姑娘的眼睛里的那种奇妙而美好的感觉吗？

没有了。童话也没有了。

写作就是写回忆

—— 写作的第三种成分

　　已故的前辈作家汪曾祺先生曾经说过这样一句话：写作就是写回忆。他说得没错，他自己的很多小说和散文，真的就是写他自己的回忆。其实，不只是作家如此，我们同学自己也是这样的，无论在小学，还是在中学，老师曾经布置的作文题目，很多不是《记一件难忘的事》，就是《回忆你印象最深的一个人》，不都是要求写你自己的回忆吗？

　　回忆，在写作的实践过程中，为什么是脱离不开的一环，同时又能起到锻炼并提高我们自己写作水平重要的作用？我们该如何调动并运用自己的回忆，让其成为我们写作中的财富？这确实是值得探讨的话题。

　　纳博科夫在谈到自己的写作经验时说过："任何事物都建立在过去和现在的完美结合中，天才的灵感还得加上第三种成分：那就是过去。"纳博科夫说的"过去"，就是过去的岁月里那些属于你自己的回忆。回忆，能够帮助我们联系过去和现在，将遥远的和近在身边的东西连在一起，发生了关系，产生了微妙的化学反应一般，呈现在今天的写作之中。确实如纳博科夫说的那样，现在的一切都是从过去走来的，任何今天存在的事物，都能够在过去中找到影子。所以说，即便是写现在，也是要写过去，现在才会有自己的来龙去脉，有自己的源头和深度。

写回忆，除了用过去照亮现实的作用之外，还有一点很重要的作用是，写作运用的材料需要沉淀，避免轻飘飘，避免现兑现买，萝卜快了不洗泥，从而夹生不熟。能够复活在回忆中的那些人和事以至细节，一般都是经过了时间的沉淀，才会让我们难忘，经久不息。就像经年陈酿的老酒，味道才会醇厚，才会醉人一样，写作起来，那些人和事以至细节，才会富于感情，而容易感动别人。那些想不起来的，无法进入回忆里面的人和事以至细节，显然，已经被时间的筛子无情地筛下去了。

为了说明回忆在写作中这两点至关重要的作用，我以《童心比童年更美丽》为例，做一个进一步的说明。

这是一篇纯粹写童年回忆的文章。每个人都有自己的童年，童年的往事，一般都会因其清纯而令人难以忘怀，而常常会成为了无论大人还是学生写不尽的源泉。在这样难忘的童年回忆中，一切人和事都水落石出那样的清晰，所以写起来并不费力。可以说，无论成人，还是学生，回忆童年的写作，常常容易写得好一些，选择童年回忆作为自己写作尤其是记叙文的写作，可以事半功倍。

这篇文章，写了三个人，一件事。三个人：大华、小玉和我，小玉的父母只是陪衬。一件事：大华总到小玉家打电话，

前面写的大华带我到东单体育场看小玉跑步训练，只是铺垫。在这里呈现的情景和故事，并不复杂，清水见底一般，单纯得可爱。之所以指出这一点，是希望提醒同学们注意，回忆的闸门一打开，有时候会事无巨细，一下子涌来很多人和事，显得斑驳纷纭，对于写作而言，有时候却不需要那么多，不被回忆所裹挟，而能够将回忆删繁就简，迅速而明确地选择其中最动人最简便的那一部分，便显得尤为重要。这是回忆的能力，也是写作的能力，需要格外的学习和锻炼。

无论小玉，还是大华，都是我童年时代的朋友，同住一个大院里，天天耳鬓厮磨在一起，很多事情，当时并不在意，现在回忆起来，却觉得分外有趣，甚至会觉得比当时还清晰，还要能够感动我自己。这就是回忆在沉淀中的作用。时间让过去的人和事发酵，就像当年的葡萄酿成了今天的葡萄酒一样，人和事，还是当年的人和事，却有了不一样的味道。这种味道，落在纸面上，便变成为写作的味道。

游家的油条和电话，小玉的长腿和跑步，大华狗皮膏药一样贴在人家的电话机上的少年懵懂心思，还有我故意捉弄大华的恶作剧……童年的往事，所有的场景和细节，都像沉在水底的鱼儿，被搅动得振鳍掉尾游出了水面，一切显得是那样的清纯可爱，会让我想起前两年看过的那部有名的台湾电影《那些年，我们一起追过的女孩》。

只是需要再一次提醒大家的是，这些情景和细节，是经过了选择，而不是将回忆到的事情一古脑儿地都用上，将这些事情如剩饭剩菜"折罗"一样，统统罗列在文章中。

回忆中，在时间的发酵过程中，也就是时间帮助我们将回忆沉淀的过程中，过去的人和事，在某种程度上，已经不再是原来的人和事，而是融入了时过境迁之后属于今天我们自己的想象成分。这个成分，或许就是纳博科夫所说的"第三种成分"吧？有了这样的"第三种成分"的加入，才会让文字变得灵动而美好，才会使得生活变成了文学。

因为只有在想象中，一切的事物和人物，才会变得更突兀，也才会变得更真实，同时，在写作中变成了我们的财富。所谓距离产生美，这个美，在我看来，就是想象，没有想象，那些沉淀在时间长河里面的人和事以至细节，就没有那么的美。正因为如此，由时间拉开了现在和过去的距离，再用文字呈现出来的事物和人物，就不会只是老照片，老照片已经退色，而在文字中它们和他们被赋予了新鲜的色泽乃至生命。

这就是回忆在写作中沉淀的作用。

再来谈回忆对于现实的反作用力。也就是说，在具体的写作中，回忆对于今天的价值意义，这牵扯到文章主题的点化和深化。一般而言，写回忆，是为了写现实，即使表面看来写的是纯粹的回忆，其实也不会没有对现实的一点关照，或隐约的一点心情。

这篇文章的最后一段，写的是童年远逝，几十年过去之后，我和小玉在街头相遇的情景，顺便带出大华的近况。这一段描写很简约，没有展开。但我希望能够用这个简约的场景，

和童年的回忆，在不动声色中，作出一个对比。即大华远离北京，小玉的童年当运动员的理想没有实现，而在"文化大革命"中草草嫁人。命运的物是人非，和回忆中清纯的童年，拉开了如此大的距离，不由得让人慨叹，浮世云无定，流年水不还。这种慨叹，是回忆中的童年造成的结果。如果没有童年的回忆，这段描写没有一点意义和力量；如果没有这一段，童年的回忆，便成了单摆浮搁的孤岛。这就是纳博科夫所说的"任何事物都建立在过去和现在的完美结合"，在这样的结合中，过去和现在都有了意义和价值。回忆这个在写作中的"第三种成分"的作用，便会彰显。

附录：

童心比童年更美丽

小玉是游家的独女。在我们大院里，游家是个奇怪的人家。我们的大院很老了，据说前清时就有了。原来门房是不住人的，那只是一个过道，以前是存放车马的地方。他家来了，才推开门房的一面墙，借着门道，扩成了一间大一点儿的房子。游家是老住户了，刚搬进来时，小玉还没满周岁，那时，大院的主人已经破落，缺钱，要不怎么也不会没多少租金就把门房当成了住人的

人家。游家朝北开了一扇门,朝南开了一扇窗,屋子里挺暗的,但因为原来门道长,虽说是一间,开间不算小,拉个帘子,里面住人,外面的门正好每天早晨卖油条。

  游家的油条在我们那一条街上是有名的,炸得松、软、脆、香、透,这五字诀,全是靠着游家大叔的看家本事。和面加白矾,是衡量本事的第一关;油锅的温度是第二关;油条炸的火候是最后一道关。看似简单的油条,让游家炸得跟个艺术品似的,满街闻名。游家只卖油条,不卖豆浆,因为生意好,照样赚钱。如果不是后来小玉长大了,知道美,要穿要戴了,光炸油条不足以维持生计,游家也不会在朝南的窗台上安了一部公用电话,再多挣点儿钱给小玉花。那也是我们那条街上的第一部公用电话,附近的人都上他这里打电话。

  游大叔长得矮小如武大郎,而且驼背,因为姓游,人称罗锅油条。游大嫂胖如水桶,人称油条胖嫂,这绰号只是玩笑,并不带贬义,叫的人、听的人也都没有觉得有什么不好,就叫开了。这样的一对夫妇生出的小玉,却是貌似天仙,越长越是亭亭玉立,让谁也不相信,都认为肯定不是亲生。不过,这都是大家的猜测。小玉小时候就出落一双长腿,院子的大人给她起的外号:刀螂腿小玉。刀螂,如今难找了,那时,夏天在我们院子里常能够见到,绿绿的,特别好看,那腿确实长,长得动人无比,不动的时候,像一块绿玉雕刻成的工艺品。

  小玉那时候也没有体会出自己这一副长腿的价值,她的学习成绩比较的糟,尤其是数学从来就没及过格。在学校里没少有

男生追她,她都一概不理,她只有一门心思,就是练跑,那时她已经是三级运动员了,如果能够练到二级,她就能够在升高中时保送到女一中,那是北京市十大重点中学之一。如果能够练到一级,她就进北京市的专业运动队,不仅再不用自己花钱买回力牌的球鞋了,还可以吃住在先农坛,彻底离开家,她早闻腻了每天炸油条那油烘烘的味道了。

她那时想的就是这样简单,根本没有想到初三这一年遭遇到大华。

大华是我们院的街坊,那时正上初二,比小玉低一年级,我还在小学读五年级。有一天放学,大华在我们学校门口等我,我见他怪怪的样子,好像有什么心事。他说:"我带你到东单体育场!"他拉着我就走。那里离学校不远,出东口往北走一里地就是。那时的东单体育场很空旷,业余体校和一般人都在那儿玩。我们坐在大杨树下看一帮男女绕着圈在跑步。他指着他们冲我喊:"你看!你看!"我不知道他让我看什么,但我很快在跑步的人中看到了刀螂腿小玉。这有什么奇怪的呢?到这儿就是为了看她的吗?要看在大院里天天可以看得见。

大华对我说:"你说奇怪不奇怪,我怎么就一直没注意到她呢?"

我对他说:"她都上初三了,比你高一年级,井水不犯河水,你怎么注意到?"

他却连连对我说:"这家伙了不得,跑得真快!你看她的腿,真长!"敬佩之情,发自肺腑。

自从那天在东单体育场看完她的训练后,大华天天早晨买她家的油条不说,而且天天晚上跑到她家窗台前打公共电话。那时,打一次电话是三分钱,买一根油条也是三分钱,那时三分钱是一根冰棍、一张中山公园的门票、一个田字格本、一支中华牌铅笔的钱,对于我这样一个月家里只给两毛钱零花钱的人来说,每天要消耗6分钱,用不了四天就花光了。大华总能够从家里磨到钱,钱对于大华不成问题,对比大院里的穷孩子,他家是富裕的。况且因为他的父母在山西工作,他从小跟着姥姥长大,姥姥惯他,要钱就给。但每天都打电话,给谁打?一个初二的学生,有什么电话非要每天打?

有时,他只是拨个"121"问个天气,"114"问个时间,有时拨半天拨不通,自己对着话筒瞎说一气,自说自话的样子,非常可笑。我知道,他是醉翁之意不在酒,不过是借机会看看小玉。但小玉连个招呼和正脸都不给他,只埋头写作业,或是看到他又在窗口出现了,而且又是对着话筒,像啃猪蹄子似的,一个劲儿地没完没了,她心烦地把书本往桌子上一摔,扭头就出了门。

好心的游大叔问他怎么总打电话,他含混地支吾着,被游大叔问得没辙了,只好说我给我妈打的,要不就说等个电话,总也不来,打电话催催她。一听是给他妈打电话,好心的游大叔还能够再说什么呢?就说等有电话来我叫你,省得你总跑。

他照样乐此不疲,几乎天天狗皮膏药一样贴在人家的电话机上,几乎天天把小玉气得摔门走出屋子,空留下电话的一片杂乱

的忙音。

有一天晚上，满院子传来叫喊声："滕大华，电话！"由于那时已经很晚了，院子里很静，大院里便响起了很响亮的回声。

大华一时没有反应过来，每天都是他自己在瞎打电话，并没有真正给什么人打通过。谁能够给他打电话呢？会真的是他妈妈？

"滕大华，电话！"

满院子还在回响着喊叫声。

他一跑三颠地冲出屋，跑到游家。哪里有他的电话，那电话像是睡着的一只老猫，正蜷缩在游家的窗台上。

他问正在屋子里做功课的小玉："是有我的电话吗？"

小玉给他一个后背，理也不理他。

他问游大叔："是有我的电话吗？"

游大叔驼着背向他走过来说："没有呀！有，我会叫你的。"

他根本没有分辨清，那是我装成大人的嗓子的叫喊，故意逗他呢。他那点儿花花肠子，早让我看出来了。

都说往事如烟，人长大了，日子更是被风吹着的一阵烟似的，过得飞快，远比当年刀螂腿小玉跑得还要快。童年，一下子显得那样的遥远，远得像是一个缥缈的梦。

想想，已经过去了将近五十多年，如今，我们童年住过的大院还在，但大院里的人却好多已经不在了。"文化大革命"中，我离开了大院，去了北大荒插队。大华去了山西找他父母去了。

只有小玉留在北京，不过，她到底没有当成专业运动员，而是草草地出嫁，嫁给了一个比她年龄大很多的工人。在那个一切都讲究出身的年代里，工人是她最好的选择。她比大华大一岁，比我大三岁，嫁人早，也是情理之中的事情。我从北大荒刚刚回到北京的时候，曾经在大街上见过她一次，她正推着自行车，车座子上驮着她的女儿，那时，她的女儿也就四五岁的样子，可惜没有她小时候的那一双长腿。我对她说起当年大华总到她家打电话的事，又说起我装成大人的嗓子逗大华玩的事，她哈哈大笑，惹得她女儿莫名其妙地看看她妈，又看看我。

　　只是我和小玉都再也没有见过大华，想象不出现在他是什么样子了。

附 录

肖复兴入选语文课本和试题的选文篇目

那片绿绿的爬山虎

面包房

佛手之香

喝得很慢的土豆汤

青木瓜之味

白桦林

胡杨树

杜鹃 杜鹃

水之经典

草是怎样一点点绿的

城市的雪

是什么把水弄脏

天池浪漫曲

前面遭遇塌方

年轻时去远方漂泊

聪明只是一张漂亮的糖纸

拥你入睡

两角钱

超重

风中华尔兹

母亲的画

鱼鳞瓦

永远的校园

清明忆父

母亲

窗前的母亲

花边饺

荔枝

苦瓜

母亲和莫扎特

生命不仅属于自己

阳光的感觉

童年的小花狗

宽容是一种爱

学会感恩

奥斯维辛的雪

孤独的普希金

史可法的扬州

暮年放翁和晚年雷诺阿

画画是不用手的

寻找贝多芬

小溪巴赫

莫扎特的单簧管，巴赫的双簧管

新泽西来的海菲兹

飘逝的含蓄

远离古典

春天去看肖邦

生命的平衡

绿色林荫路

阳光的两种用法

尊重

德天瀑布

南疆，一枚金色的书签

简洁是最美的生活

红楼选秀与大众文化

任何面对重拍经典

空场地和老地方

表叔与阿婆

萤火虫

少读宋词

北京的门联

冬夜重读史铁生

应无所住

朋友，你并不比残疾人高贵

向往奥运

茶花女柳依依

重访草莓园

丝瓜的外遇

公交车试验

孤单的雪人

上一碗米饭的时间